바보가 있는 풍경

김영준 신앙에세이 2
바보가 있는 풍경

김영준

1판 1쇄 / 2008. 10. 20

펴낸이 / 최현근
펴낸곳 / 말씀과만남
등록번호 / 제20-444호
등록일자 / 1991. 6. 19

138-220 서울특별시 송파구 잠실동 339-3
전화 / (031)594-6327 팩스 (031)594-6328
전자우편 / mmpress@hanmail.net

ISBN 978-89-7508-218-4 (03230)

값 12,000원

잘못된 책은 바꾸어 드립니다.

어쭙잖은 한 이방인의 신앙 에세이

바보가 있는 풍경

An Essayistic Spiritual Journey of A Naive Stranger

김영준 지음

말씀과만남

    사람은 자기의 발자국을 자꾸 뒤돌아보며 확인하고 싶은 유혹이 있다. 즉 흔적에 대한 욕심, 내 흔적이 영원히 오래 동안 남아있길 바라는 유혹이 늘 꿈틀거린다. 이런 유혹이 살아서 이런 저런 졸필로 이어진 것 같다. 물론 필자의 인생을 통해서 비추어 주시는 은총의 빛들을 글로 적어내 함께 공유하고 싶은 생각 부인할 수 없지만, 흔적에 대한 유혹은 글을 남기는 이유가 되곤 했다. 그렇다고 마음속 깊이 감추어진 한 줄기 바늘구멍으로 비추는 빛은 거역할 수 없었다. 즉 누군가 예수 그리스도와 계속되는 은혜의 산책이 이어지길 바라는 마음, 이것이 주께서 필자에게 주신 삶의 목적이었기 때문이다. 어눌하고 온전치 못한 필자의 발자국들, 흐트러진 흔적들을 모아서 이리저리 짝을 맞추어 보았을 때 발견되어지는 주님의 발자국들, 착시현상처럼 발견되어지는 주님의 흔적들을 만나시길 원하는 바람이 글속에 숨어있는 바탕색이 아닐까 소원한다.

이 책을 출판하기 전, 필자는 플로리다(Florida)에 있는 펜사콜라(Pensacola)에 갔었다. 집에서 가까운 거리는 아니지만 매년 가족과 함께하는 여행이어서 짧은 일정으로 갔다. 가선 그립던 설탕처럼 하얀 모래를 밟았다. 한 줄로 쭉 그어진 발자국들, 바람에 하루 이틀이면 없어질 발자국들에 집착하면서 뒤돌아보았다. 누구라도 이런 발자국을 남기지 않는 인생은 없겠지만, 이런 저런 발자국 위에 새겨진 인간들의 부질없는 발자국들, 이런 발자국이라도 주님의 자취가 발견되는 이유가 있다면, 인간에게 생명과 호흡을 주시고, 간섭하시는 그분의 손길로 인해, 흩어진 발자국 속에 감추어 두신 주의 자취를 볼 수 있지 않을까? 그러기에 누구라도 그 삶의 발자국을 추적해 본다면 "모래알처럼 많은 교훈들을 인간들에게 줄 수 있을 텐데"라는 생각이 스쳤다. 마치 인생이 보물찾기라도 된 것처럼 말이다.

어떻게 보면 인생은 보물찾기가 아닐까? 모래 속에 감추어진 쇠 부스러기라도 찾듯이 무언가 찾고자 한다면 찾아지는 가치가 분명히 있다. 이 가치에 그리스도가 함께 할 땐 영원한 진리를 찾음처럼 그 빛은 찬란한 빛으로 수 없이 많은 사람들에게 비추지 않을까 여겨본다.

성경에 나오는 사람들 가운데 삶의 흔적에 대한 기록이 전혀 나오지 않고 이름만 등장하는 인물이 있다. 심지어 예수님의 족보 속에서도 발견되어지는 이름들이다. 이 사람들은 어떤 인생을 살았을까 은근히 궁금해진다. 오히려 이름 없는 사람들 가운데 그의 선한행위로 인해 기억되는 사람이 있다. 예수님이 예루살렘 입성하기 전에 나귀를 풀어 내준 사람, 오병이어의 이적 속에 나오는 한 소년의 헌신, 이름 없는 착한 사마리아 사람의 자애로운 행위 등 이름 없이 주의 빛을 세상에 비추어준 사람들이 성경에서 발견될 때, 이름에 집착하며 산다는 것, 참으로 우매한 짓이란 사실을 상기해 본다. 오히려 무드셀라가 구백육십구 세를 살았어도 그 삶의 흔적엔 낳고 살고 죽었단 외엔 의미를 찾아보기가 어려운 부끄러운 인생을 살다간 사람이란 오명이 있기 쉽다. 결국 삶이란 무슨 흔적을 남기고 살았는가에 대한 질문일지도 모르겠다. 그리곤 그 흔적에서 나타나는 인격이신 예수 그리스도가 비쳐지느냐, 안 비쳐지느냐에 대한 질문일 것 같다. 결국 행복자의 고백은 전자일 터이고, 행복이 머물기 어려운 자의 모습은 후자일 것이다. 그래서 필자라도 전자처럼 행복한 사람이 되길 원하는데, 솔직히 글에서 예수 그리스도가 나타나기 보단 필자 자신의 모습이 너무 많이 투영되진 않았나 생각하며 부끄러운 졸필이란 고백을 해 본다.

아무쪼록 이런 저런 졸필이라도 흔적을 남겨서 아들, 딸이라도 읽어, 아버지의 흔적을 기억해 주길 바라는 욕심, 더 나아가 예수 그리스도의 흔적이 발견 되어 질 수 있다면 너무 좋을 것 같은데..., 독자의 몫으로 돌려 드린다. 모래속의 쇠 부스러기 하나만이라도 발견하신다면, 바보 목사의 얼굴에 웃음을 머금 거릴 것 같다.

이글이 나오기까지 격려와 용기의 말씀을 해 주신 말씀과 만남사의 최헌근 집사님께 감사드린다. 책을 출판함에 소명을 가지고 책다운 책을 만들겠다는 인생의 목적을 갖고 달리시는 분이기에, 분명 집사님은 축복의 통로이신 분이다. 그래서 평온함을 갖고서 이 책의 출판을 그 분께 맡겼다. 아울러 헌신된 아내 송미숙에게 고마움을 전하며 필자의 글에 바탕색이신 모친 박애숙 권사님과 하나님 품에 계신 가친 김두표 집사님께 한없는 감사를 드린다. 사실 이글이 나오기 까진 음으로 양으로 헌신을 아끼지 않은 김한표 님, 권혁모 님, 김혜란 님, 송봉철 님, 송영우 님께 역시 감사드린다. 마지막으로 아버지 노릇 잘 못함에도 순종 잘하고 착한 고마운 필자의 네 자녀 김이레, 김이슬, 김이삭, 김이사야에게 평생 고마움을 전하고 싶다. 그리고 우리 주님께 찬미를 올려 드린다.

김영준

| 차 례 |

바보가 있는 풍경 / 15

비 오는 날의 원두막 / 20

파네라, 보더스, 반스엔 노블 / 24

나이 듦의 위안 / 28

내가 목마르다! / 32

날라리 껴안기 / 37

맥칼리의 지혜 / 42

밀양 / 46

빛 비추는 자 / 50

잔불놀이 / 54

오십 전의 부담 / 58

허수아비 / 63

아! 숭례문 / 67

가을과 하나님의 관용 / 71

강림절 풍경 / 75

고무줄 나이 / 79

고통의 의미 / 83

곰보빵, 팥빵 / 87

공짜 인생 / 91

교실 밖의 눈 / 95

구구팔팔이삼사 / 99

글쓰기의 고민 / 103

늦가을의 길목에서 / 107

복의 길 / 111

봄이 오는 소리 / 116

두 번의 잠 / 120

에펠탑 효과 / 124

가이사의 것, 하나님의 것 / 128

명품 인생 / 133

원룸 스타일의 삶 / 137

바닷물에 배추를 절인다면 얼마나 좋을까? / 141

독도는 우리 땅! / 145

현역과 방위 / 149

아버지의 자화상 / 153

| 차 례 |

시국과 신자의 기도 / 157

교만이 오면 욕도 오거니와 / 161

미물과 지혜 / 164

송홧가루 날리는 날 / 167

엠마오 가는 두 제자 / 171

섭섭이와 십자가 / 175

사순절의 대화 / 180

선택 / 184

은총의 빛과 연기 / 189

한해의 끝자락에서 / 193

머피의 법칙을 넘어서 / 197

생색 / 202

참음의 시간성 / 205

영원한 소명 / 209

여행가방 / 213

아쉬운 가을 / 217

부담을 안는 기도 / 221

부드러운 마음 / 225

부담이 주는 은혜 / 229

행복의 척도 / 233

이모 은사님 / 238

온유함 / 243

이 세상에서 가장 먼 거리 / 247

백지장 한 장 차이 / 252

어쭙잖은 한 이방인의 신앙 에세이

바보가 있는 풍경

An Essayistic Spiritual Journey of A Naive Stranger

바보가 있는 풍경

　사람들은 바보라는 소릴 안 듣기 위해서 죽자 살자 사는 것 같다. 그런 만큼 바보란 소릴 듣는 것, 처음엔 웃어넘길 것 같다가 후엔 잠을 못 이루는 현상을 경험할 만큼 바보란 소릴 듣지 않으려는 몸부림으로 삶의 여정을 힘들게 통과해 내고 있다.

　글쎄! 바보란 소리가 그렇게 심각할까? 어렸을 때, 7살 때인가 외할머니 집에 갔는데 그 동네 아이들이 바보라고 놀려 댄 적이 있었다. 이런 소릴 외할머니가 듣고선 역정을 내시며 놀린 아이들을 혼내신 적이 있음을 어렴풋이 기억한다. 그리고 나서도 바보 같은 놈이란 소릴 들은 적이 있다. 말하자면 군대에서 말이다. 고참병이나 장교들이 하는 말속에 '바보 같은 놈!'이란 욕은 아주 귀여운 욕인데, 욕이 난무하는 특수사회라서 그런지 전혀 충격을 느끼지 못했다. 그리곤 사회에 나와서 살아가면서 바보란 소릴 직접 들어본 적은 없었다. 혹시 누군가 뒤에서 소곤대며 말했을지는 몰라도 바보란 소린 거의 잊은 단어로 있었다. 그런데 삶의 이런 저런 여정 속에서 스스로 느끼는 것은 바보 같은 사람, 아버지, 목사, 선생, 채플린, 남자 등등 나를 지칭할 수 있는 단어를 끼어 놓고 '바보 같은' 하면 스스로 "그렇지 나는 바보지... "란 고백이 저절로 나온다. 이런 말이 남의 입에서 나온다면 부화가 나서 잠을 설칠 판이겠지만, 스스로 "나는 바보로구먼!"하면 오히려 '카타르시스'를 경험할 만큼 바보란 소리가 독백으로는 참 괜찮은 단어 같다. 물론 이런 표현 속에 스스로 숨고 싶은 현상도 없지 않아 있다. 내 스스로 바보라고 하면 나의 실수와 잘못을 합리화 시키고픈 유혹이 들어서 "나는 바보다!"란 표현을 써본다.

오래전, 아주 오래전 이런 노래 구절을 기억해 보는데, "나는 곰이다!, 미련하다 못났다... "라는 노래구절에서 많은 남자들 역시 카타르시스를 느꼈음직도 하

다. 그런 만큼 자기를 비하하고, 낮춤으로 느끼는 안정
감은 어디서 오는 것일까? 죄책감(Guilty Feeling)과 관련
이 있어서 그런가? 아니면 사실이 그래서 그런가?

　사람이 살면서 실수 안하고 살아간다는 것은 가능하
지 않은 일이라는 것을 누구라도 모르지 않을 것이다.
실수를 사람의 눈에 숨기며 살아가기에 실수가 드러나
지 않지 실수는 늘 그림자처럼 붙어 다닌다. 말속에 든
실수, 자기 치장과 합리화는 얼마든지 느끼며 산다. 아
울러 거의 모든 것이 나를 초점으로 살아가는 '깍쟁이'
이지만, 이런 것을 숨기며 남을 위한 척, 이래야 되고
저래야 된다는 주장으로 얼마나 많이 목소리 높이고
살았는지 어쩌면 '우쭐'의 달인으로 살아온 것 같다.
그러다 제 정신이 들기 시작하면 자책과 부끄러움이
찾아드는데 이럴 땐 피할 구멍이 없어진다. 평소엔 남
을 구멍 속으로 밀어 넣으려고 그렇게 애쓰며 주장하
고 살았는데 온전한 정신이 들 때면 구멍 속이라도 들
어가고 싶은 마음이 솟구친다. 그래서 "내가 바보지!"
라고 독백하고 마는 얄미운 존재로 살아가는 것이 역

시 우매함 그 자체인 것 같다.

그래서 인간의 군상 그 면면을 볼 때면, '바보들의 행진' 그 이상도 그 이하도 아닌데, 스스로 자부하길 '신사들의 행진'으로 여기나 보다. 이런 것을 스스로는 자부심이라고 여기며, 삶의 여로마다 남들을 애써 이겨서 얻는 성취감, 승리감에 도취되어 스스로 똑똑하다고 착각하며 살아가는 면면에 언제 자신의 진솔한 모습을 찾을 수 있을지 스스로에게 물어본다.

사실 그리스도 예수를 통해서 인간의 발견, 특히 자기 발견이라 함은 실수만 하는 자화상에 대한 발견이랄까? 이기심에서 나온 바보란 고백보다는 실수 많고 자기도취에 쉽게 함몰되어 자신도 모르게 자랑이 튀어나오는 불안정한 자기 존재의 한계를 인식할 수밖에 없어서 나오는 만물의 찌꺼기만도 못한 존재라는 고백이 기도 할 때 마다 고백되어질 수밖에 없지 않을까? 주 앞에서 스스로 '못났음'을 고백할 수밖에 없는 진짜 바보 남자 그래서 '진바남', 진짜 바보 신자 그래서 '진바신', 진짜 바보 목사 그래서 '진바목', 진짜 바보 선생님 그래서 '진바선'… , 셀 수도 없이 많은 실수로 이 바보란 굴레를 벗기란 가능하지 않을 것 같다. 그저 잡초가 있는 풍경처럼 바보 인생을 살다간 존재 그러나 그 바보 같고 지혜 없는 자를 들어서 주님의 일에 쓰시는 하나님이 열심, 그 주님의 사랑과 열심 때문에 바보란 알맹이가 가려진채로 살아가도록 주의 특별한 은총으로 사는 존재가 아닐까 여겨본다. 이 은총의 빛 때문에 바보라도 바보가 있는 풍경으로 변화시켜 주시는 은혜를 소망하며, 바보의 굴레를 벗어 보려는 애씀으로 기도하지만, 거룩한 바보로 상처 난 사람들에게 무시 받으며 살아감에 사명을 느끼며 살아가는 존재, 그래서 바보라도 아름다운 풍경으로 승화될 수 있는 하늘 희망을 안고 살아감이 위로가 된다.

비 오는 날의 원두막

오랜만에 비 오는 날의 숲을 바라본다. 한쪽은 아직 햇빛이 쨍쨍한데 이쪽은 비가 온다. 정말 급작스런 은총을 받은 것처럼 너무 좋은 횡재가 아닐 수 없다. 비가 오는 숲을 바라보니 꼭 원두막에서 비를 맞이하는 기분이 든다. 소낙비 오는 원두막 정말 수채화 같은 그림이다. 그 원두막에서 비를 바라보노라면 무슨 생각이 들까? 애써 상상해본다. 이민자의 삶을 사느라고 이런 원두막에서 바라보는 세계 또는 비 오는 날의 원두막을 바라보는 새뜻한 상상, 별것 아닌 것이 장소를 바꾸니 땅속에 감추었던 그리움을 비가 닦아주고 그리움들을 들추어낸다.

그리움도 잊고 지낸지 오랜 것 같다. 늘 머릿속엔 현실이란 두 글자에 할 일이 늘 쌓여 있는데, 이런 현실을 잠시라도 잊게 해준 빗방울들, 고맙고 감사한 마음이 든다. 검은 고양이는 아무 긴장도 하지 않은 채 내게도 다가와서 발꿈치에 기대어 앉아있다. 글을 끼적이며 상상하는 나의 모습에 전혀 경계하지 않는다. 손만 대면 도망치던 녀석이 서로 몸을 맞대고 한가한 비오는 오후 나른함을 경험한다.

글쎄, 서울 촌놈이란 소릴 오래전에 들어 보았지만, 원두막에 올라봤자 두세 번 밖에 되질 않는 도시 촌놈에게 원두막이 그리워지는 심사는 무엇일지? 이 세상에 안식이 있다면 궁궐도 아니고 50−60평하는 아파트도 아닌 원두막의 두세 평이 천국인 것을 느껴본다. 만일 내게 2−300평의 참외밭이 주어진다면 원두막에 앉아 이글 저글 보다가 이리 뒹굴 저리 뒹굴 거리며 매미 소릴 자장가 삼아 낮잠 속으로 빠져들 텐데, 아무 경계 없이 누군가 참외를 서리해 간다 해도 고마운 손님처럼 생각하고 뭔가를 나누어 주었다는 기쁨의 유연함에 스스로 대견스러워 할 것 같은데, 비가오니 마음이 넉넉해지고 아량이 은근히 생긴다.

역시나, 느닷없이 비가 오는 날이면 자연 만물들이 넉넉해 보이는 것 같다. 흔들거리는 소나무 가지들의 춤, 반짝이는 칡넝쿨 잎들의 짤랑거림, 역시 비와 자연의 교향곡처럼 느끼려함에는 전혀 무리가 되질 않는다. 그래서 비 오는 날의 오후는 너무 고맙고 감사가 나온다. 이런 축복이 어디 있을까 여겨보는 하늘의 특별 은총처럼 비갠 후의 햇빛들, 그리곤 배부름, 이런 여운을 오래 간직하고 싶다. 몇 시간 며칠을 이런 여운의 힘과 여유로 남들에게 부드럽게, 친절한 매너를 잊지 않으며 사람들을 만나고 헤어지고 싶은 마음 간절해진다. 비가 온 후의 은총을 오래 간직하고 싶은 마음에 기도드린다. "주님 늘 내 마음이 비온후의 넉넉함처럼 되게 하여 주시옵소서!"라고. 세상의 구중궁궐이 아니라 원두막 위 두세 평짜리 공간이 넉넉한 마음이 되게 한 것처럼 이런 지혜와 행복을 잊지 않고 살게 하여 주시옵소서!"라는 기도를 평생 동안 간직하고 싶다.

비가 그치고 날이 개였다. 화사한 빛에 온 세상이 선명하다. 모든 것이 선명해지니 은근히 원점으로 돌아온 느낌이다. 다시 욕심이 꿈틀거리고 언제 내가 작은 것에 만족했었냐는 두 개의 내가 갈등한다. 본심으로 돌아오는 시간과 길은 왜 그리 빠르고 짧은지, 속물 인간의 본성을 다 아시는 하나님의 은혜가 없이 사람이 이 세상을 살아간다는 것이 기적처럼 가능할까? 마음속 상상으로 원두막 위에 앉아있던 내가 도시의 거리를 방황하는 듯 비틀거림을 느낀다.

파네라, 보더스, 반스엔 노블

미국에 와서 좋은 나라라고 느끼는 것 중에 하나가 있다면 얼마든지 쉴 공간을 발견할 수 있다는 점이다. 오다가다 여유가 있거나 급히 메일을 보낼 때 쉽게 들러서 일을 처리 할 수 있는 공간이 바로 가까이에 늘 있어서 좋은 곳을 꼽으라면 파네라(Panera),와 보더스(Boders), 그리고 반스엔 노블(Barns & Noble)이다. 특히 파네라에 가면 인터넷을 자유롭게 할 수 있는데, 급히 메일을 보낼 땐 커피 한잔 사 놓고 컴퓨터 자판을 두들긴다. 눈치 볼 것도 없이 오랫동안 앉아서 글을 끼적이거나 책을 읽을 수 있는 곳이기도 하다.

보더스나 반스엔 노블 같은 책방에 가면 얼마든지 책을 빼내어 읽다가 다시 책꽂이에 꽂아 넣을 수 있는 신뢰의 문화를 역시 경험해 본다. 이런 면에서 느끼는 것이 있다면 사회적 관용을 느낄 수 있다는 점이다. 사람의 양식을 믿고 맡기며, 그 행동에 간섭하지 않는 사회, 성숙한 사회의 일면을 보고 경험해 본다.

종종 이런 사람을 보곤 하는데 즉 커피 한잔 사질 않고 하루 종일 자리만 차지하고 있는 사람을 볼 때 같은 아시안 으로서 은근히 눈치가 보일 때가 있다. 커피 한잔이나 샌드위치를 팔면서 좋은 공간을 베풀어 주지만, 전혀 상행위는 하지 않은 채 공간만 차지해 버리는 이기심을 다른 사람들은 어떻게 생각할까? 상상해 본다. 주어진 자유, 마음대로 행동할 수 있는 행동 양식이라 해서 주어진 공간을 마음대로 사용하는 이기성은 책방을 가든, 파네라처럼 인터넷을 마음껏 할 수 있는 곳을 가든 얼마든지 발견하는 일들이다.

미국이라는 자유로운 나라에 왔으면 더욱 이들의 양식과 정서와 문화를 이해하려는 자세가 중요하지 않을까 여겨본다. 마침 인도사람들이 아이들과 와서 떠들며 잡담을 늘어놓고 있었다. 아이들이 이곳저곳을 돌면서 뛰어 놀며 소릴 지를 때 주인은 와서 주의를 주지만 아랑곳하지 않는다. 너무 수다를 떨면서 아랑곳하지 않음이 뻔뻔함을 넘어선 미개하게 느껴지는 상황, 결국 이들이 가고나면 주인과 백인들끼리 이들의 행동을 나무라는 소리를 듣게 된다.

주어진 자유, 관용이 흐르는 공간을 이기성으로 채우고 마는 몰지각성을 미국인의 시각과 정서로 바라보고, 주어진 관용과 자유를 깨지 않으려는 질서의식과 양식을 가지고 이방인의 땅에서 경우 있게 산다면 게토(Ghetto) 현상을 극복하지 않을까 바라는 마음이다.

이런 질문을 해 볼 수 있겠다. "왜 우린 남의 나라 땅에서 살게 되었는가?"라는 질문이다. 어떤 의미론 문화 전도사 역할을 하기 위함, 한번 생각해 볼 문제이다. 서구의 의식과 생활양식이 일색인 이곳에 타문화의 장점을 경험토록 주된 문화를 읽고 이해하고 이들의 정서에 거스르지 않는 행동으로 우리의 문화를 간접 경험케 함이 아닐까 여겨본다.

성경에서 보면 아브라함이 하란에서 가나안으로 가서 우거할 때 가급적 가나안 사람과 갈등을 야기하려

하지 않았던 조심성을 읽을 수 있다. 이삭도 마찬가지로 우물을 파고 메움을 반복할지언정 가나안 사람과 다투지 않았다. 이런 조심성이 가나안 땅에서 이스라엘 왕국을 건설하는 주춧돌이 되지 않았을까 생각해 본다. 혹시 반스엔 노블이나 보더스나 파네라를 간다면 커피 혹은 차 한 잔을 팔아주고 의자 한자리를 차지하는 경우처럼 밝은 사람이 되는 것, 매력 있게 사는 사람임에 틀림없다.

An Essayistic Spiritual Journey of A Naive Stranger

나이 듦의 위안

나이가 듦엔 수 없이 많은 장점이 있는데 그 중엔 사람에 대한 이해가 깊어진다는 사실이다. 사람이 얼마나 추잡하고 부족한 존재인지 알기엔 나이 만큼에 수백을 곱한 실수 때문에 인간의 불안전성을 익히 알게 된다. 그래서 남의 실수 자체에 남 탓하기 보단 자신의 자화상이 먼저 아른거려 이해 할 수 있는 관용이 생긴다. 물론 이런 말이 필자의 경험에서 나왔다는 것은 아니다. 그만큼 필자의 입장에선 이해 못할 일이 더 많이 있기 때문이다.

마크 트웨인(Mark Twain)은 이런 말을 했다. "황소가 있는 사람은 없는 사람보다 대여섯 가지를 더 안다." 황소로 인해 처리할 일이 더 많이 생기기 때문이다. 그리곤 더 많은 경험이 생기기 때문이다. 황소를 잘 키우기 위한 지식, 이를 위해 황소 키우는 사람과의 관계를 갖는 것, 황소가 병들지 않도록 수의사와의 수없이 많은 상담, 심지어 분뇨를 처리하는 수고 등, 황소 한 마리를 키울 때 이루어지는 삶의 다이내믹은 이루 말할 수 없이 확장된다. 대체로 소 한 마리에 대한 사람의 수고는 많지만 거기서 얻을 수 있는 소망이 있기에 황소 한 마리 들여 놓고 수고를 아끼지 않게 된다. 마치 잠언서 말씀처럼 말이다. "소가 없으면 말구유는 깨끗하려니와 소의 힘으로 얻는 것이 많도다."

사실 소가 갖다 주는 수고 속에 소의 분뇨를 처리하는 것 그 자체만 하더라도 할 일이 많다. 도널드 맥컬로우(Donald McCullough)는 이런 말을 한다. "황소를 꽤 오래 기른 사람들은 황소 궁둥이에서 조금씩 나오는 것 말고도 처리해야 할 것이 많았을 것이다. 그들이 삶의 분뇨에 화들짝 놀라거나 상심하지 않는 것은, 자기들도 살아오면서 분뇨를 흘릴 만큼 흘렸기 때문일 것이다." 글쎄, 이 말속에 많은 공감을 불러일으키는 것은 사람은 수없이 많은 분뇨를 흘린 다음에 철이 들어가고, 이 분뇨와 친숙할 만큼 삶의 지저분함을 일상으로 여기며, 자식의 분뇨 타인의 분뇨까지 치워주며 살 때 인생의 성숙으로 나아간다.

이런 질문은 어떨까? 나는 분뇨를 흘리기 보단, 더 많이 치워주고 산 인생인가? 아니면 그 반대인가? 나로 인해 누군가에게 누를 끼치고, 힘들고 많은 어려움을 겪게 하여도 자신의 분뇨인지를 분별하지 못하고 산다면 이처럼 애석한 일은 없을 것 같다. 아주 오래전에 듣던 말 가운데 '때놈'이란 말을 들었던 기억이 있다. 일을 저질러 놓고도 얼굴이 두꺼운 사람을 말하는지, 경우와 도리 보다는 이익이 된다면 타인의 불편함도 아랑곳하지 않는 사람을 말하는지 정확한 의미는 잘 모르겠다. 하지만 분뇨를 많이 흘리는 사람이란 상상은 간다. 어쩌면 이런 사람을 만나서 인생의 변수를 겪을 수 있다. 분뇨를 치워줘야 하기 때문이다. 그럼에도 이속에 숨어 있는 성숙이란 선물을 바라본다면 이런 사람 피하고 외면하는 것만이 상책은 아닐 것이다.

잘 보면 신자에게 주어진 삶의 길엔 자신의 분뇨만

치우는 사람이 아니라 타인의 분노까지 치워 주어야 할 인생의 길로 들어 선지도 모른다. 내 것만 치우고 깔끔하게 사는 것도 웰빙 라이프의 특징이지만, 신자에겐 타인의 것도 치워주어야 할 삶의 부담이 있다. 조금은 구질구질하게 보여도 부족한 타인의 짐을 짊어지고 가는 삶, 신자라면 피할 길이 없는 당위성이 생겼다. 그래서 황소 한 마리가 들어오듯이 인생의 다이내믹이 확장되어간다. 그리고는 진보됨과 자라남을 경험하는 특권을 갖는다. 그래서 노인의 지혜 보다 승한 것을 얻는다.

나이 듦의 위안이랄까? 그만큼 남의 분노를 많이 치워 주었다는 자부심이 있다. 자신의 것도 벅찬 삶이었어도 최소한 자식들의 것을 치워주며 살아온 나이테만큼 관용의 크기가 확장되어 간다. 인간에 대한 이해가 단편적이지 않고 입체적이 된다. 자신의 더러움을 모르지 않기에 남의 것을 무조건 더럽다 하지 않고 치워준다. 영 피플(Young People)에 맞추어진 문화의 피상성을 알기에 더 깊은 영성을 희구 할 수 있는 특권과 경륜, 이것이 나이 듦의 위안이 아닐까?

내가 목마르다!

십자가상의 칠언의 말씀 중 다섯 번째의 말씀이 "내가 목마르다!"(요한복음 19장 28절)이다. "내가 목마르다"라고 하신 말씀엔 육체적 목마름이 있으셔서 하셨지만, 인생 스스로가 자신을 알지 못하고 죄성에 쩌들어 남을 정죄하며 살아가는 모습에 안타까운 절규로 하신 말씀이 아닐까 여겨 본다. 물론 성경대로라면 "성경에 응하게 하려하사 가라사대"이다.

사실 자신의 모습을 보고 "내가 목마르다"라고 토하는 인간이 있다면 이는 영적 현자임에 틀림없다. 그만큼 사람은 남의 티 있는 모습은 잘 보아도 자신의 때로 쩌든 모습을 보는 것엔 게으른 것 같다. 때론 자신의 때를 보아도 피상적으로 느낄 뿐이지, 하나님의 은혜가 아니고선 살수 없다는 고백 역시 힘들다. 그래서 자신을 온전히 본다는 것 역시 쉬운 일은 아니다. 그만큼 자신에 도취되어 자기에 취해 살아가는 인생이 세상에 유리하는 별처럼 많은 법이다. 그래서 서로가 목마를 수밖에 없지만, "목마르다"라는 고백은 듣기 힘든 말 같다.

어느 때인가 남의 말을 몇 시간 듣고도 입에서 단내가 난적이 있다. 말하는 사람은 물 한잔 안 먹고도 생생한 기운이 감도는데, 듣는 사람의 입에서 단내가 나는 현상엔 말속에 생명에 없어서인지 모르겠다. 그리곤 한 잔의 물을 얻어 보려하였지만 얻지 못하고 목마름으로 헤어졌다. 대화를 나누고 기갈이 더 심함을 느끼고 나왔지만, 오아시스는커녕 신기루만 쫓은 꼴이 되었다. 이처럼 삶의 여정엔 사막을 걷는 듯 한 기분을 느낄 때가 얼마나 많은지 알 수 없다. 그럼에도 자신의 인생 여정이 사막이라 느끼지 못하고 애굽의 도시를 방황하는 방랑끼로 가득 찬 사람들이 얼마나 많은지, 스스로 도시의 방랑자라고 자처하며 신기루를 오아시스로 착각하며 살아가는 사람들을 수없이 본다. 그래서 목마름을 느끼지 않을까?

자기 자신이 누구인지 진단되지 않고, 걷는 곳이 사막인지도 모르는 인간들이 수르 광야에 이스라엘 백성처럼 많은 법이다. 그만큼 현실에 도취되어 바쁨에 치어서 자기 확신에 가득 찬 사람들의 군상이란 쉽게 보이는 현상이기도 하다. 그런데 잘 보면 그곳이 수르 광야인 것을 …, 곧 마라의 쓴물을 마셔야 함을 알지 못하고, 곧 젖과 꿀이 흐르는 가나안이란 땅에 다다를 것처럼 질주하듯 사막을 사막이 아닌 것처럼 여기는 수 없이 많은 군상속의 한 사람 한 사람은 아닐까 인간 현주소를 생각해 본다.

어쩌면 십자가상의 한편 강도가 예수를 힐난하는 모습이 바로 우리 자신의 모습처럼 클로즈업 될 때가 있다. 자기 자신을 볼 틈도 없이, 자기 자각에서 깨이지 못하는 인간들의 정죄, 즉 곧 죽을 목숨인데도 자기 자신을 보기보단 남을 보고 힐난하는 인생의 자화상을 십자가상에서 잘 보여 주고 있다. 자신의 실존은 육체적 고통뿐 아니라 죽음 이후의 불확실성을 외면한 채,

남을 힐난하고 정죄하는 여유는 도저히 이해 할 수 없는 미스터리처럼 수없이 우매한 인간의 자화상은 한편 강도와 같다. 그래서 질문해 본다. 혹시 나의 모습? 십자가상에서 형벌을 받고 있음에도 인생에 가장 무거운 질문인 죽음에 대한 고뇌보다는 남의 형벌, 정죄에 집착하는 인생의 모습, 역시 인간 자화상을 잘 보여주고 있다. 그래서 "예수님은 목마르다!"라고 토하신 것이 아닐까?

십자가상의 인간만 자기 발견이 되지 않은 것이 아니라 십자가 아래에 있는 사람들 역시 자기가 누구인지 알지 못한 채, 구원의 주되신 예수를 비방하고 힐난하는 모습에, 종교적인 인간의 군상으로 오버랩 된다. 그래서 십자가에서 자기 발견이 얼마나 어려운지 하나님의 은혜가 아니고선 구원받기가 낙타가 바늘귀로 들어가기보단 어렵다는 말씀 문득 스친다. 그만큼 십자가는 하나의 보편적 치장이 된 것 같다. 특히 오늘날의 십자가는 하나의 패션으로 장식되어 있다. 목걸이, 귀걸이, 옷의 문양 등 십자가 모양과 스타일로 디자인 센스가 얼마나 다르고 세련됨의 차이 정도이지 십자가에 자기 발견이 참으로 힘든 세상에 살고 있다. 그만큼 비본질이 본질을 앞서는 세상에 살고 있다. 그래서 목마를 수밖에 없다. 목마름의 이유도 모른 채 정신없이 살아가는 인생의 모습이 마치 우매함에 종속된 존재로 만족하며 살아가는 모습에 스스로 목마를 여유 없이 달리는 군상들의 유리방황하는 모습이라도 스스로 볼 수 있다면 얼마나 좋을까? 그래서 예수 십자가 안에서 자기 발견이 있다면 "내가 목마르다!"라고 말씀하신 주님의 음성을 들을 수 있지 않을까?

An Essayistic Spiritual Journey of A Naive Stranger

날라리 껴안기

세상에는 두 종류의 사람이 있다. 범생이와 날라리이다. 교회 안에도 두 종류의 신자가 있다. 범생이 신자와 날라리 신자이다. 그런데 날라리는 세상에서 인기가 있지만, 범생이는 인기가 없는 편이다. 재미가 없기 때문이다. 사실 오늘날처럼 재미가 목적이 되어 버린 세상에 범생이가 들어설 공간이란 점점 좁아 보인다. 뭔가 튀고, 사람들의 시선을 잡을 수 있는 행동이 있는 사람, 기행이 있는 삶이 시선을 잡는 세상에 서 있는 이런 사람들이 성공에 가까이 갈 가능성을 보여주는 것 같다. 오히려 꾸준히 인내하고 한 우물을 파는 스타일의 사람은 보수적 스타일이란 오해로 한켠으로 밀려나기 쉽다. 그만큼 세상이 변한 것이다. 그래서 괴팍한 개성을 부러워하기까지 한다.

사람들이 갖는 시대 의식의 변화, 약간은 반항적이고, 투정 부리고, 불평할 줄 아는 인간을 인정해 주는 사회, 말이 많고 주장하는 모습으로 살아가는 사람이 말없는 사람보다는 겉보기엔 많은 것을 소유하는 것처럼 보인다. 그래서 사람들은 착각을 일으킨다. "나도 객기 부려볼까?"라는 오해를 불러일으킨다. 결국, 우리가 사는 세상에 아웃사이더가 점점 많아지게 마련이다. 그럼에도 날라리들이 빛을 보는 이유가 범생이들의 관용 혹은 구색처럼 바탕색이 되어주어서 인정받음을 인식을 해야 하지 않을까?

　오히려 날라리의 특징은 피해의식에 사로잡힌 자들인지도 모른다. 물론 그럴 수도 있다. 살면서 충분한 사랑을 받지 못해서, 혹은 인정을 받지 못해서 삐딱하게 세상을 볼 수 있다. 아울러 상처 때문에 보는 시각이 엇박자 시각인지도 모른다. 그런데 삐딱하게 보는 세상이 전부가 아니라는 사실 역시 인정해야 하지 않을까? 그럼에도 인정할 수밖에 없는 현실이 싫어 더욱 삐딱하게 바라보는 객기 부림이라면 상처가 될까?

또 하나의 착각이 있다면, 날라리적인 행동과 무비판적인 수용을 열린 사람의 행위라고 여긴다는 것이다. 그래서 열린 사람이 되는 지름길이 날라리가 되는 것으로 착각한다. 어쩌면 자신들이 시대의 리더라고 자부심을 대단히 많이 갖는 것 같다. 그래서 마음속에 자만감 혹은 교만이란 바람이 많이 들 위험이 있다. 물론 진정한 날라리는 시대를 생각하고 세상에 휴머니즘의 사회가 구현되는 이상을 품은 사람들로 좌측 윙(Left Wing)에 서서 그 균형을 잡는 역할을 잘 감당한다. 문제는 얼치기 날라리로 기분만으로 날라리 인생을 추구하는 사람이 아닐까 함이다. 그저 놀기 좋아하고 끼를 잔뜩 부리되 남에게 눈살을 찡그리게 하면서까지 날라리 기질을 발산하기에 예의를 찾기 어렵다. 그렇다면 진정한 날라리로 인정받을 수 있을까?

혹시 날라리 스스로 열린 사람이라고 자부하고 있지는 않을까? 그러면서 윤리나 도덕을 낡은 관습으로 여기는 세계 시민주의 의식으로 특히 복음에 대해 반항적인 끼를 발동하는 사람들의 자만한 모습에서 아슬아

슬한 느낌을 가져 본다. 그럼에도 이런 류의 사람을 포용하고 이해하고 섬겨야 할 책임 역시 교회가 갖는 시대의 사명이란 사실을 잊어선 안 될 것 같다.

어떻게 보면 교회 안엔 범생이 류의 사람이 많아서 날라리 류의 사람이 설 공간이 적은 것이 사실이다. 그래서 교회를 부담스럽게 생각한다. 교회를 오기 전에 이미 자신들과는 먼 공간으로 교회를 설정하고 가까이 하려 하지 않는 경향이 있다. 그런데 종종 날라리가 교회 안에 올 때가 있다. 무슨 연예인이 와서 집회 할 때나 열린 예배나 특별 행사에 참석할 때가 있다. 이때에 이들에 대한 편견을 버리고 주님의 사랑으로 포용하고 이해하는 모습이 요구된다. 알다시피 이들은 쉽게 도망가기 때문이다. 실제로 주님도 그 시대의 날라리들을 포용하였다는 사실들을 알아야 할 것이다. 창기나 세리, 갈릴리의 무식한 사람들을 제자삼아 가장 고상한 주의 일을 맡기셨던 주님을 생각하고 하나님 나라의 포용력의 한계가 얼마나 크고 넓은지를 그 누구라도 경험케 함이 교회가 갖는 사명이 아닐까 여겨 본다.

영어로 보면 중산층이 주로 가는 교회가 'High Church'라고 하는데 이런 교회 안에 날라리는 낄 공간이 있을 리 없다. 그래서 교회는커녕 사회의 변두리로 밀려난 사람들로 늘 깨지고 상처 받기 쉬운 사람들로서 있다. 이런 사람들을 이해 할 수 있는 교회의 본질을 회복함이 혹시 날라리를 섬기고 포용하는 능력의 척도가 아닐까 여겨본다. 왜냐하면 범생이 역시 날라리에 대한 편견에서 자유롭지 못하기 때문이다. 혹시라도 바리새적인 좁은 포용력으로 이들을 수용함에 한계가 늘 있다면 교회가 교회로써 그 사명을 다한다고 말하긴 어려울 것 같다. 어떻게 보면 날라리를 어떻게 껴안을까라는 고민이 교회가 갖는 시대적 숙제가 아닐까 여겨본다.

맥칼리(McCauley)의 지혜

커밍(Cumming Ga)으로 이사한 후 가까운 거리에 스타벅스 커피숍(Star Bucks Coffee Shop)이 있어서 어쩌다 들려 성경과 영적 에세이를 읽다가 문득 이런 생각이 들었다. 아침에 줄을 서서 커피를 사다 먹는 사람들이 아침 일찍 일주일에 한번 커피와 다과를 들고서 성경을 토론 한다면 얼마나 좋을까? 라는 생각을 갖게 되었다. 이런 생각이 문득 났던 것은 오래전 경험 때문이기도 하다.

시골에서 공부할 때 주인집 아저씨 맥칼리(McCauley)가 아침 일찍 데리고 가서 식사를 한 후 성경을 토의한 적이 격주로 있었다. 주로 갔던 곳이 에비빌(Abbeville City, South Carolina)의 어느 식당이었는데, 독일 여자 분이 운영하는 식당에서 아침을 먹으며 성경 한 장 읽고 토의에 들어간 적이 있었다. 이러기 까진 맥칼리는 새벽에 일어나서 아파트로 찾아와 필자를 깨우고 태운 후 성경 공부 장소로 갔는데, 그 중간에 여럿을 태우고 갔던 기억이 있다. 어둑어둑한 새벽에 주로 차가 없어서 성경 공부를 할 수 없는 어려운 사람들을 태우고 갔다.

대체로 이런 사람들은 지역에서 문제가 있는 사람들이나 요주의 인물처럼 여기던 사람들이었는데 맥칼리는 어떻게 알았는지 이들을 태우고 갔었다.

사실 미국에 살면서 이해가 잘 안되었던 것 중에 하나가 있었다면 차가 없는 사람이 많았다는 것과 운전면허 시험에 수십 번 떨어지는 사람들도 있었다는 사실에 은근히 놀라기도 하였다. 이방인의 눈으로 보기엔 영어를 잘할 수밖에 없는 미국인들에다가 시민권자들인 이들의 모습이 가난한 유학생 보다 못한 생활에 놀라움이 많았다. 은근히 높은 이혼율과 가정불화의 악순환은 미국 문화의 평범한 갈등거리처럼 이미 고전적인 이야기 거리가 되어 버렸다.

필자가 갖는 의식엔 아무리 없어도 가정은 지켜질 수 있는 신앙적 공급이 늘 있었고, 궁하면 통한다는 말이 있듯이 차가 고장 나면 정키 랏(Junky Lot)에 가서 부품을 구입해 고치려 했던 의지도 있었다. 혹시라도 못 고치는 것은 마을 구석 집 뒤 켠 창고에서 정비하는 흑인이나 어려운 사람에게 부탁하여 아주 싼 가격에 차를 고치곤 했었는데, 이분들의 일상을 조금이라도 알게 되고나선 '이곳이 미국인가? 라는 의구심이 들 때가 많았다. 크고 다양한 미국 속에 아주 좁고 단순 복잡하게 살아가는 사람들의 일상에 대한 놀라움은 미국이란 포장된 시각에서 비롯된 좁은 관점이 아니었을까 여겨본다.

아무튼 맥칼리는 이런 저런 사람들을 태우고 성경공부에 합류시켰다. 그리곤 자신의 돈으로 아침을 사 먹이면서 성경공부로 사람들의 의식을 바꾸려 했던 맥칼리의 지혜, 이런 지혜를 배워본다. 그래서 세상 곳곳에 하나님의 말씀을 나누며 공급하고 사람들의 의식이 변화되어 하나님의 나라가 확장 된다면, 미국까지 한국의 어느 한 사람을 부르신 하나님의 목적에 부합한 삶은 아닐까? 여겨 본다.

그래서 기도해 본다. 이곳에서도 격주 아니면 매주 성경공부가 시작 될 수 있도록 기도해 본다. 스타 벅스나 맥도널드 아니면 허름한 시골 식당에서 한 사람이라도 깨워 함께 아침 성경공부하며 하나님의 생각을 나누는 맥칼리의 지혜를 이어가고 싶다.

밀양

칸느 영화제에서 여우주연상을 수상한 작품이 밀양이다. 그런데 이 작품은 난해해서 평론가에 의하면 뿌연 기운만 아른 거리는 영화라는 평을 한다. 그리곤 이 영화는 볼 때는 이해가 안 되지만 보고나서 곱씹어 보며 청중 스스로가 되새김질을 해야 하는 영화라고 한다. 즉 생각을 깊이 해야 이해가 가는 영화라고 한다. 글쎄 평론을 읽고서 이 영화가 어떤 영화인지 말한다는 것이 조심스럽지만, 영화의 갈등 구조가 무엇인지 모르진 않을 것 같다.

이 영화에선 죄와 용서에 대한 이야기가 주요 주제로 등장하는가 보다. 용서해야 할 당사자가 용서하지 않았는데 누가 나보다 먼저 용서할 수 있느냐는 질문을 던지면서 이 질문에 대한 답을 관객들에게 돌린다.

용서의 주체가 바로 나인데 누가 나보다 용서 하냐는 질문은 오래된 주제이기도 하다. 그래서 용서는 신학의 주제요 성경의 주요 주제로 강조되고, 용서와 구원의 문제는 손의 안과 밖처럼 뗄 수 없는 관계이기도 하다.

사실 살면서 용서해 줘야 할 대상보다 용서를 빌어야 할 대상이 더 많은 것이 대부분 인간이 갖는 삶의 양태일 것이다. 부모에게, 친구에게, 아내에게, 남편에게, 자식에게, 가까운 이웃들에게, 수없이 스쳐 지나쳤던 사람들에게, 용서를 빌어야 할 부담으로 헤어진 많은 사람들에게 용서를 구하고 받으며 살아야 경우 있는 사람으로 산다고 할 텐데, 용서를 해 줘야 할 대상은 지워지지 않지만, 빌 대상은 그렇게 많아도 늘 외면하고 살아간다. 그래서 떳떳함 보다는 뻔뻔의 능력으로 살아가는 것 같다.

어떻게 보면 인간은 용서가 있기에 오늘을 살며 존재할 수 있는 은총 속에 있지 않을까? 하루에도 수십 번 실수하며 살지만 이 실수를 인정하지 않으려는 뻣

뻣함의 능력이 커감으로 주님과의 온전한 사귐 속에 들어가지 못함도 인식하지 못한 채 그저 이겨먹으려는 근성으로 살아간다. 뭐든지 지면 하루 종일 기분 나빠하고, 실수를 인정하고 용서를 빌면 온 세상에 종말이 온 것 같은 얼굴을 하며 산다.

얼마 전 한국에선 학력 위조라는 사건이 학계, 예술계, 연예계 등을 강타했었다. 그래서 허리케인과도 같은 강풍이 몰려올 것 같은 긴장감을 많은 유명인들은 가졌었다. 이런 칼날을 휘두르는 사람이 누구인지 몰라도 학력이 있어야 이름을 내고 성공의 반열에 서 있을 수 있었던 정서나 풍토가 사람을 한 순간에 망가지게 만드는 광경을 본적이 있다.

이미 허리케인과도 같은 태풍이 휩쓸려지나가듯 아무것도 남지 않은 사람도 있고, 이 광경을 지켜본 사람들의 이실직고 식 고백 앞에 사람들의 칼날은 양날 칼로 더욱 무섭게 사람을 내동댕이쳐 대었다. 물론 성공 신화의 매력을 버리지 못한 실수와 잘못 크지만, 이 실수와 잘못을 치유하려는 사회적 성숙은 실종된 것 같아서 안타까웠다. 들춰냄의 엔터테인먼트로 끝나 버리는 용서가 없는 사회의 정서, 들추어내고 망가지는 것을 즐기는 듯한 군중들의 보상심리가 수많은 사람들의 정서 속에 녹아들고 있다. 이래도 되는 구나를 가르치는 사회, 그래서 용서를 구함이 얼마나 힘들게 만드는지, 용서를 구하면 망가진다는 공식을 보여주는 사회 의식 앞에 용서를 가르치는 교회의 메시지는 세상 속을 파고들 공간이 없어져 간다는 위기감이 든다.

그런데 인간 자신은 늘 용서를 받으며 용서의 은총 속에 살아가고 있다는 사실을 왜 모를까? 하루, 한순간 이 용서라는 은총이 없으면 어떻게 존재 할까? 존재 의미조차 생기지 않을까? 이미 하나님의 은총 속에 인간이 있기에 수없이 많은 사람들의 용서 속에 사람은 살고 있다는 것을, 내가 용서하지 않아도, 또는 누군가 내 용서를 가로채도 용서의 신비한 빛은 늘 인간을 비추고 있지 않을까?

빛 비추는 자

이 세상엔 빛이 비추어져야 할 곳이 얼마나 많은지 알 수 없다. 그늘진 곳, 불 꺼진 방처럼 빛 자체를 거부하며 살아가는 사람들은 셀 수 없이 많다. 이미 마음에 희망을 끊은 사람들이 인생에 가장 무거운 짐인 자기 육신을 주체하지 못한 채 널브러진 인생을 살아가고 있다. 어떻게 이런 결과가 되었는지, 출발은 비슷한 환경과 실력으로 달려왔어도 삶의 중간 중간에 사람을 잘못만나고 잘못된 선택으로 꿈도 사라진 불 꺼진 방 구석에 주저앉아 버린 인생들은 셀 수 없이 많다.

근본적으로 인간은 그 마음에 빛이 있었다. 진리의 빛, 생명의 빛, 양심의 빛이 비추고 있었다. 하나님이 인간을 창조했기 때문이다. 그것도 하나님의 형상으로 인간을 창조했기 때문에 의와 거룩성을 가지고 있었다. 그런데 죄 때문에 인간은 그 빛을 잃게 되었다. 그리곤 어둠의 그늘아래 신음하게 되었다. 오늘도 죄의 영향아래 사람, 짐승, 자연 할 것 없이 고통아래 신음하는 존재가 얼마나 많은지, 늘 접하는 자연의 재앙은 죄악의 영양아래 있기에 나타난 결과이기도 한데 과학적 논리적 유추만 난무한 것 같다.

요사이 매스컴을 통해서 접하는 태풍, 지진, 쓰나미, 토네이도 등 자연 재해가 인간의 삶에 미치는 영향력이란 이루 말할 수 없이 크다. 한두 명이 죽는 것이 아니라 수만 명, 수십만 명씩 목숨을 잃는 재해들이다. 전문가들은 말하기를 앞으로 이런 재해는 계속 될 것이라 말한다.

아이러니컬하게도 과학을 발전시키고 과학의 능력을 찬양하던 인간이, 작금에 와선 자연 앞에 가장 작은 존재로 서 있는 것 같다. 물론 자연은 인간이 갖는 물리력의 수십만 배, 수백만 배 크지만 자연의 힘을 무시하고 대부분 살아온다. 그러다 이런 재해가 현실이 될 때에야 인간의 나약함과 작음을 통렬히 느끼고 조금은 겸손해 지기도 한다. 그런데 이런 저런 자연 재해를 단순히 물리력과 과학이란 이성의 잣대로 해석하고 말아 버리는 매스컴의 한계는 인간과 자연이란 도식만 있지 하나님을 외면한다. 그래서 아무리 큰 재앙이 닥쳐도 인간은 그 의미를 잘 알지 못하는 존재로 있다. 고통이 주는 의미, 불가항력적 불행 앞에 인간이란 누구인가란? 질문조차 할 생각도 없어져 버린 과학적 사고가 지배하는 세상에서 인간의 주소는 잃어버린 셈이다.

사실 인간이 예기치 못한 자연적 재앙엔 신학적 질문이 있게 마련이다. 철학이야 죽음이란 단어 앞에 뭐라 정의할 한계를 느껴서 종교로 넘기려 하지만, 인간의 죽음이 무엇인지 대답할 이유를 말하고자 함은 신학적 사유를 통해서 최소한 희미한 빛이라도 발견하기 때문이다. 그럼에도 재앙에 대한 통계적 사실만, 그 원인과 결과에 대한 과학적 논리적 유추가 진리처럼 인간의 시각을 가리고 있음을 분별해야 하지 않을까? 그래서 인간의 능력을 훨씬 뛰어넘는 자연의 재해가 주고자 하는 질문에 이성만으로 응답하는 인간이 아니라 존재로 응답하는 인간이 된다면 재앙 앞에 숨어있는 깊은 진리를 캐낼 가능성이 있는 셈이다. 그 가운에 숨은 빛, 인간의 영혼에 비치는 빛이 있음을 발견해야 할 인간에게 던지는 하나님의 숙제가 있는 셈이다.

한 개인의 불행도 비슷할 것 같다. 자신에게 와진 불가항력적 불행 앞에 꺼진 불을 그 마음에 붙이는 계기가 된다면 합력해서 선을 이루시는 하나님의 섭리를 아는 계기가 될 것 같다. 그렇다면 꺼진 불을 밝히는 사명으로 이 세상 구석구석에 불 꺼진 방을 찾아가 불을 붙이듯 횃불을 들고 상한 마음으로 심지만 남은 사람들의 마음에 불을 붙이는 사명으로 사람들에게 자신이 얼마나 고귀한 존재인지를 알도록 한다면 얼마나 귀할까? 누군가 사람들의 마음에 생명의 빛을 밝히도록 신성한 빛을 비추는 사명을 감당하는 자로 살아간다면 너무 행복 할 것 같지 않을까?

잔불 놀이

집 뒤뜰엔 하늘과 닿을 듯 지평선을 상상케 하는 큰 마당이 있다. 본래 카운티(County) 소유의 땅과 합해져서 밤이면 멀리 이웃의 지붕이 보이고 하늘의 별들이 보이는 곳이다. 봄, 여름, 가을 내내 칡넝쿨들이 인간의 범접을 막아내다가 겨울이 되면 어쩔 수 없이 인간과 칡넝쿨의 경계를 허무는 곳이기도 하다. 그러다가 봄이 되어서 산딸기 가시넝쿨이 어느새 자라고 칡넝쿨이 순식간에 지배하듯, 온 세상을 푸르게 만드는 곳이기도 하다.

사실 푸르러 보이는 그곳은 가고 싶어도 계절의 이글거리는 태양으로 가까이 갈 마음도 내키지 않는 곳이기도 하다. 그럼에도 그 땅도 점령하고 싶은 욕심인지, 주인행세인지, 불을 놓을 마음이 생겼다. "이곳도 인간의 땅이다! 주인도 못 알아보는 놈들!"하는 심보로 다가갔다. 봄에, 인간의 범접을 막아내는 경계가 들어서기 전에 불을 놓아야겠다는 생각이 금년엔 왜 그리 강하게 들었는지, 마음속에 괘씸이 속내내 쌓아 있었던 것처럼 불을 질러서 칡넝쿨 놈들을 혼내주어야겠다는 심사가 강했던 것 같다.

결국 메마른 칡넝쿨 더미 위에 불을 질렀다. 난생처음 불을 질러 보는 것이라 간단한 불로 생각했지만, 이 불이 너무도 빨리 번져 나가는 것을 보게 되었고, 마음속에 아차 하는 생각이 스치게 되었다. 잔불 놀이 정도로 시작했던 것이, 단순히 마음속에 작은 불만으로 시작된 것이 큰 불로 번지게 되었다. 너무도 빨리 불은 번져나갔다. 그래서 넥타이, 구두, 신사복 차림으로 불을 끄기 시작했지만 역부족이었다. 삽이라도 잡고 끄고자 했지만 있는 것은 고작 쇠파이프 밖에 없었다. 아울러 봄바람은 잘도 불을 번지게 하였다. 여기서 너무도 놀란 가슴으로 불끄기를 포기하고 집사람을 불렀다. 집사람을 부르러 간 사이 큰 불이 옆 숲으로 번질 것 같은 기세였으나 불은 밖으로만 번질 뿐 가장자리는 꺼지는 형국의 불이었다. 이런 불의 형태를 보고선 안도의 숨을 쉬고, 호스로 물을 뿌리면서 불을 끌 여유가 생기게 되었다. 실로 오랜만에 가슴이 내려앉는 경험을 해 보았다. 작은 불만스러움, 작은 불편함, 괘씸스런 마음으로 시작한 것이 큰 놀람으로 끝난 경우였다. 오히려 혼냄을 당한 쪽이 인간이 되었고, 칡넝쿨 공국(公國)은 여전히 건재하고 있다. 아무 일도 일어나지 않았던 것처럼 여전히 태연스럽게 존재하고 있다.

잔불 놀이정도로 생각하고 혼을 내주려던 것이, 이젠 제대로 대접해야겠다는 마음이 드는 것은 마치 누군가를 무시하고 까불다가 된—탕 혼난 꼴로 꼬리를 내린 꼴이 되었다. 그러면서 이런 생각을 가져 보는데, 작은 마당도 마음대로 하지 못하는 인간의 작음과 우매함, 그래서 온 우주를 창조하신 창조주에 대한 경외감을 갖는 것은 당연한 일이기도 하다는 생각이다. 광활한 우주를 만들고 인간을 지으신 하나님의 은총은 인간에게 그분의 바람대로 창조하신 자연을 다스리라고 명령하신다. 이 다스림의 방법에는 싸움이 아니라, 하나님의 정원을 가꾸듯, 내 것이 아닌 주의 것으로, 그 안에 깃든 아름다움을 통해 주를 찬미하고 경외하며 더 깊은 예배로 나아가게 함이 주가 만드신 정원, 즉 자연임을 다시 확인해 보았다.

이런 생각은 어떨까? 인간은 관계적 존재라는 것, 즉 첫째는 하나님과, 둘째는 인간과, 그리고 셋째로는 자연과 세상에 관계적 존재로 산다는 것을 기억함은 어떨까? 하나님과 관계가 회복된 자에겐 자연과의 관계에서도 온전한 관계를 유지해야 할 은혜의 원리가 무엇일지 잔불의 사건을 통해서 생각해야만 될 과제로 남아있다. 당연히 정복하고 점령해야 할 무격의 존재라고 무시하기 보다는 은총의 매개체로 인간에게 주를 경외하도록 하나님이 선물로 베푸신 또한 하나님이 아끼시는 존재임을 스치는 생각속이라도 해봄직도 괜찮을 것 같다.

오십 전의 부담

한참 어린 나이였던 1964년도인지 1965년도인지 전
차 값이 오십 전 이었던 기억이 있다. 이 오십 전은 동
전이 아니고 푸른 색깔의 지폐로 기억이 된다. 혹시라
도 지폐 수집에 취미가 있으신 분들은 이 지폐를 한국
명동에 있는 신세계 백화점 옆쪽의 지하상가에 가면
지금도 구입할 수가 있을 것이다. 이 지폐는 액자에 넣
어 벽에 걸어도 그럴듯하게 귀여운 예술적 작품으로
느껴지기도 하고 많은 의미를 불러일으킬 수도 있는
가장 단위가 작은 돈(전)이다.

어릴 때 세배가면 어른들이 이 지폐로 세뱃돈을 주
셨는데, 이 지폐가 여러 장이면 뿌듯한 마음이 되곤 했
었다. 동전인 1환 혹은 원보다 작은 이유에 대해서 늘
불만이 있었던 기억이 있지만, 어렵고 힘들던 시절에

50전의 위력은 전차로 서울의 동대문(?)까지 가지 않았을까 기억을 더듬어 본다. 그만큼 돈이 늘 궁한 시절의 돈 쓰임의 단위가 전으로 쓰였던 적이 있었다는 사실에 혹시 이글을 읽는 대한민국 사람이라면 지금의 소유가 얼마나 커졌고 부자로 사는지, 아니면 돈의 단위가 부풀려졌는지 십 원이 귀찮은 존재로 변화되고 있으니 그만큼 바람이 많이 들어간 것 같다. 그래서 '전'의 시대를 잊어선 안 될 것 같다.

지금의 부요함이 있기까지 모두가 가난해서 부자는 하늘이 준 사람처럼 여겼던 시절, 그래도 나누어 먹을 줄 알았던 인정을 가지고 살던 시대를 잊어선 안 되는데 라는 마음이 머무는 것은 뭔가 안타까움의 반영이 아닐까 생각해본다.

초등학교 1학년 때 나는 소풍을 가지 못했었다. 남들은 국군묘지(그 당시 명칭)로 소풍을 가는데 필자는 가난해서 가질 못했고, 김밥을 쌀 형편은커녕 쌀밥에 덴뿌라(어묵)를 쌀 형편도 안 되어서 소풍을 가질 못했다. 그리고 작은 이모가 담임으로 있었는데, 나무 도시락이 아닌 누런 양은 도시락에 보리밥과 덴뿌라로 소풍간다는 것이 다른 학부형에게 부끄러움이 되었는지 나에게 소풍 오지 말라고 이 원을 주셨다. 신나게 그 돈을 받아 집으로 오는데 가친께서 왕복 전차비가 없어서 1원을 달라고 하실 때, 그 돈을 안 드리려고 1원 밖에 안 받았다고 속인 것이 나이 오십을 넘어선 지금도 가슴속에 모락모락 피어난다. 저녁때에 발각이 되어 된통 혼이 났지만 돈보다 가친의 마음속의 실망감을 헤아리기까지는 오랜 시간이 걸린 셈이다.

사람이 철드는 속도는 이 세상에서 가장 느린 것 같다. 심지어 달팽이 보다 느린 것이 인간이 철드는 속도가 아닐까 여겨본다. 그만큼 부모의 마음 헤아림은 정말 오래 걸린다. 누군가 말하기를 20대에 아버지를 보면 "왜 그러실까?"라는 마음이 지배 한다고 한다. 모든 것이 의구심 투성이고 나는 저렇게 살지 말아야지 라는 생각이 지배한다고 한다. 대부분 사춘기의 자녀들을 두신 분들이 당하는 어려움 가운데 하나는 자녀들이 아빠 엄마는 우리의 문화를 모르고 세대를 모른다고 앙탈 부리는 소리를 들을 때일 것이다. 그럼에도 들어야 하고 감싸 안아야 하는 부모의 허전한 마음이 되어 속 썩여 드린 어머니 아버지를 떠 올릴 때가 많아짐을 누구라도 느낄 것 같다.

나이가 들어 40−50대를 지나면서 "이럴 때 아버님은 어떻게 생각하셨을까?"라는 질문을 많이 해보게 된다고 하는데 절대 공감한다. 그만큼 난감하고 해법이 나오지 않는 순간이 삶의 여로(旅路)에 얼마나 많은가! 대체로 이런 순간들이 자녀들의 문제로 가슴앓이 할 때가 아닐까 여겨본다. 그럴 땐 남자는 동굴 속으로 피하고 싶고, 자녀문제는 아내인 여자의 몫이 되어 평생에 고통이 되곤 하는데, 동굴 속에 피해도 신자의 특권인 기도가 있어서 감사하고 자녀로 인해 자신의 과거를 보는 거울이 되어서 감사한 것이 신자 된 부모의 지혜가 아닐까 여겨본다.

지금은 없어진 화폐 단위 오십 전, 전차비 오십 전이 없어서서 초등학교 1학년인 아들에게 돈을 달라하시며 미안스러움을 감추지 못하신 가친의 얼굴이 지워지지 않는 것이 인생의 여울목에 들어선 것 같아 늘 부담으로 남아있다. 그럴수록 믿음 안에서 더욱 철들어야겠다는 오십 전의 부담이 오만 불보다 더욱 큰 무게로 클로즈업됨을 느껴본다.

허수아비

　잘못하다간 땅을 딛고 살지 못하고 공중을 딛고 살 것 같은 위기감이 몰려 올 때가 있다. 남자 나이 50이 가까이 오면 공중에 둥 떠서 살 것만 같은 위기감, 즉 별로 이룬 것도 없고 모은 것도 없이 나이만 먹어 버리고 곧 오십 마일로 달리다가 십년이 어영부영 지나갈 것만 같은 위기감이 수많은 남자들의 심정이 아닐까 여겨본다. 그만큼 상실감에 지배당하는 사람들을 쉽게 보고 경험한다.

　과거엔 좋은 학교 나오고 명문가문에 태어났으면 그리고 가방끈이 남보다 길면 미래가 그럭저럭 보장된 세상에 살았다. 그래서 보장된 엘리베이터를 타고 인생을 쉽게 살 수 있었던 세상에 익숙히 살아왔지만 지금의 세상은 실속이 없으면 어디도 끼질 못하고 산다.

그만큼 회전이 빠른 젊은이들과 경쟁하며 산다는 것이 무슨 철인 경기하듯 너무도 벅찬 인생을 산다는 중압감에 짓눌리는 느낌이 없지 않아 있다.

그래서 일찌감치 경쟁에서 도태되어 초점을 잃은 눈으로 공중을 걷는 듯한 사람들의 모습을 쉽게도 보고 만난다. 이런 모습이 누구의 모습만도 아닌 자신의 자화상처럼 느껴지며 점점 클로즈업되는 중압감에서 잠 못 이루다가 벌떡 일어날 때가 오늘날의 아버지 혹은 남자들의 자화상이기도 하다.

사실 성공하고 싶지 않은 사람이 어디 있겠는가? 그래서 성공의 비법에 관한 책을 들여다보고, 그렇게 살아 보려고 애써서 글처럼 쉽게 성공한다면 어디 성공이란 두 글자에 신경질적 반응을 보일 필요가 있겠는가! 그만큼 성공 소릴 들으면 은근히 부화가 나는 사람들이 얼마나 많은지, 성공이란 단어를 사용함이 정말로 조심스럽다. 특히 교회에선 더욱 그렇다. 그만큼 교회 안에는 세상이 말하는 성공한 사람보다는 실패한 사람이 비교도 할 수 없을 만큼 많기 때문이다. 그래서 사역이 치유에 초점을 맞추어야 하고, 위로하고, 섬기고, 자존감을 살려주고, 이해해주고, 이렇듯 너무도 많은 사역의 초점이 치유와 회복을 외면할 수 없는 상황에 이르렀다. 그래서 본질 사역의 중요성, 예수 그리스도를 통한 치유 사역을 감당함이 얼마나 귀한지 새삼 느껴본다.

사실 예수 그리스도를 만나면 죽었던 마음이 되살아나고 가능성이 보이는 인생이 된다. 아골 골짜기의 해골 떼가 큰 군대가 되어 역사하듯 예수를 만나고 그분을 발견한다면 역동하는 인생으로 거듭난다. 최소한 지금 그대로 자기 안에 숨어있는 가치를 발견하게 한다. 마치 허수아비가 있는 존재로 그 사명을 다하듯 자기 가치만 발견한다 해도 여기엔 지각변동이 있는 것처럼 새로운 존재 혁명이 일어난다.

잘 보면 신앙에는 자기 가치를 확인하고 발견케 하는 생명의 역사가 있다. 왜냐하면 예수 그리스도의 죽으심 안에 발견되어지는 자아란 하나님의 사랑이 얼마나 크신지, 세상이 볼 땐 허수아비라고 놀려도 이 허수아비 같은 존재를 얼마나 사랑하시는지, 하나님의 사랑 안에는 없는 존재란 없다. 특히 신자라면 더욱 그렇다. 왜냐하면 예수 그리스도 안에서 만난 만남이기 때문이다. 혹시라도 누군가 빈껍데기 같은 존재로 여기거나 혹은 자신이 자신에게 허수아비 같은 존재로 내몰리는 느낌이 있고 비아냥거림을 느낀다면 이렇게 외쳐 보는 것은 어떨까?

"그래 나는 허수아비다. 너희들이 몰라줘도 홀로 서서 존재와 사명을 다하며 사는 허수아비다!"

아! 숭례문(崇禮門)

남대문이 불타고 있을 때 억장이 무너지는 경험을 많은 분들이 했을 것이다. 한국 사람이라면 남대문하면 문화의 아이콘(Icon)으로 여기기도 하고 자부심이기도 하였다. 그럼에도 언제나 그곳에 서 있었듯이 오늘도 내일도 영원히 있을 것처럼 당연히 여기며 잊고 지내기도 했었다. 그런데 국가의 국보 제 1호가 불탔을 때, 설마 잠깐의 누전으로 금방 진화가 될 줄 알았던 기대가 무너진 것은 타인의 입에서 전소 되었다는 말에 "그럴 리가"라며 할 말을 잊어버렸다.

사실, 과거 필자처럼 서울에서 남대문을 늘 보고 지나쳤을 때 느끼는 것은 늘 늠름한 기상과 조상의 지혜를 느끼면서 과거와 현재가 서울 복판에 공존함에도 절대 조화의 여유를 품어 내었던 남대문이었다. 필자

67

의 기억 속에 필름이 되어 남아 있는 남대문의 모습은 만리동 고개 작은 집 부엌 창으로 남대문을 본적이 있었다. 그 남대문 옆으로 지나가던 폭스바겐이란 차까지 기억 속에 찍힌 그 아름다움이란 지금도 잊지 못한다. 그리고 화보 속에 등장하는 남대문은 한국 문화의 얼굴로 늘 등장하던 것 누구라도 기억한다. 그런데 한 개인의 일로 남대문이 전소되었을 때는 더욱 기가 막혀 말을 하지 못했다. 그만큼 불만을 해결하는 방식이 '묻지마' 방식으로 팝콘처럼 튀어 나오는 작금의 행태를 얼마나 더 많이 보고 접해야 할지 답답한 마음 그지 없음은 모든 한국인의 심정일 것이다.

남대문의 현판은 숭례문(崇禮門)인데, '례(禮)'를 숭상한다는 의미의 숭례문의 의미를 알았다면 남대문 즉 숭례문이란 소릴 들어도 단순한 문이 아니라 '례'를 갖추라는 교훈이 담겨 있는 문이기도 하다. 그런데 그 반대의 경우로 불이 타버린 형국이 되어버렸다. 가장 큰 무례함으로 전소된 경우가 되어버렸다. 여기서 시사하는 교훈이란 이루 말할 수 없이 많을 것 같다. 조선 중기 실학자 이수광은 '지봉유설'에서 양녕대군께서 이 현판을 쓰셨다고 한다. 즉 숭례문을 통해서 서울로 들어 올 땐 례를 갖추고 높이 숭상하는 마음가짐을 갖고 들어오라는 의미가 담기지 않았을까? 아둔한 필자는 생각해 본다. 그런 만큼 조선시대를 지나 근대에 이르기까지 숭례문 안의 세계와 밖의 세계는 달랐을 것 같다.

사실 '례'로 산다는 것은 남을 귀하게 여기고 인격으로 대하며 잘 섬기라는 기독교적 가치와 일치한 말이 아닐까 여겨본다. 나만의 기분에 따라 행동하고 분을 분출해 내는 화기(火氣)가 가득한 사람으로 결국 불로 모든 사람의 마음에 실망을 넘어서 좌절을 느끼게 하는 행동이 아니라 더불어 살고 섬기며 살기 위해서 '례'를 늘 생각하며 살아가는 자세는 참으로 귀하다. 아무리 개성이 강한 시대에 살고 있다 해도 하나님이 인간에게 주신 보편적 가치인 '례'를 잊지 않고 살아가는 지혜는 웬만한 상식만 있어도 본성적으로 무례함과 먼 삶의 태도가 됨은 당연하다. 그래서 숭례문이란 물질적 가치 이상으로 잃어버린 '례'에 대한 무너져 내린 가슴을 쓸어내리는 분들이 한 두 분이 아닐 것 같고, 후손에게 죄를 지은 심정 역시 이 시대를 살아가는 분들의 부담이 아닐까 여겨본다.

다시 한 번 온고이지신(溫故而知新)의 지혜와 우리라는 터울을 느끼며, 서로를 섬기고, '례'를 잊지 않으며 더불어 살라는 이 시대를 향한 음성이 아닐까 '례'를 잃어가는 세상을 향한 경고의 음성처럼 들린다.

가을과 하나님의 관용

누군가 이렇게 말했다. "자연은 하나님의 묵시이며, 예술은 인간의 응답이다." 가을이 깊어가는 이 시기에 어울리는 말이 아닐 수 없다. 춘하추동이 다 아름답지만 가을만이 갖는 그 나름의 깊은 색상속의 향연을 느끼지 않을 수 없다. 그만큼 일반은총의 부요함을 경험치 않을 수 없는 계절이 가을이기도 하다. 아울러 감성을 풍요하게 만드시고, 감성의 시각으로 모든 것을 여유롭게 볼 수 있도록 관용스런 인간이 되게 만든다. 그런 면에서 가을엔 다툼이 다른 계절에 비해 덜한 것 같다. 차창 밖으로 보이는 아름다운 채색의 거리, 건물과 자연의 조화가 눈에 들어오면서 마음의 순화를 느끼게 한다. 그리고는 서로에게 군박하지 않는 여유로움을 느낄 수 있다. 더불어 경기가 어렵다 하여도 자연의 풍광은 순간이나마 시름에서 떠나게 한다.

　가을로 깊이 들어가면서 만추의 절경을 쉽게 발견할 수 있는 조지아(Georgia)의 풍경은 혼자 보기 아깝다는 생각이 들 때가 많다. 날마다 달라지는 하나님의 채색, 창밖만 보아도 색상의 조화가 하루하루 달라진다. 그래서 아쉬움이 더해지는 것 같다. 채색의 아름다움을 붙들어 둘 수 없어서 그렇다. 사람이 그린 그림의 색상은 언제든지 잡아 둘 순 있어도 하나님이 채색하신 색상의 오묘함은 바라보는 그 순간에도 변하고 있다. 그래서 살아있는 색상의 전이는 같은 사물을 봄에도 지루하지가 않다. 이것이 하나님 작품의 특징이라 할 수 있다. 그럼에도 하나님은 내 작품이라고 낙관을 찍거나 사인을 하지 않으신다. 그저 무명의 작품처럼 누군가가 자신의 작품을 즐김에 만족하신다. 그리고는 사람의 마음속에 하나님의 작품임을 기억하길 원하셔도 강요하지 않으신다. 지혜가 있는 사람이라면 빨리 그 이름을 기억하나 그렇지 못한 사람에겐 오랜 시간이 걸려서야 그 이름이 기억될지는 몰라도, 하나님은 자신의 이름이 사람에게 알려짐에 집착하지 않으신다. 하나님의 것이기 때문이다.

종종 야드 세일이나 어느 고물상에서 발견한 작품이 유명한 누구의 것이라고 매스컴에 나올 때가 있다. 그런데 사람의 관심은 누구의 것이기보다는 가격에 관심이 더 많은 것 같다. 예술성보다 이름에, 이름보다 돈으로 환산한 가격에 관심이 쏠린다. 마치 예술성이 가격에 따라 춤을 추고 높을수록 예술적 가치가 높게 여기도록 예술과 상업은 떨어질 수 없는 등식의 관계로 자리매김해 버린 것처럼 말이다. 그래서 예술도 돈 있는 사람의 전유물처럼 부르주아적 냄새가 점점 짙어짐을 느낀다. 그만큼 예술이 사람의 손에 들어가면 퇴색되어 가는 현상을 보면서, 자연 속에 날마다 창조와 조화를 값없이 보도록 공개하시는 하나님의 관용과 사랑에 그저 자연이 아니라 하나님의 인격을 느끼게 한다. 그러기에 자연은 자연을 바라보는 사람의 마음이 쉽게 순화되어 조금 더 인격이 깊어지는 사람이 되게 만드는지도 모른다. 더불어 자연을 통해 사람의 마음속에 스며드는 반성을 느낄 때도 많다. 혹시 집이나 직장에서 싸우고 나서 사람을 피해 산책로를 따라 조금만 거닐면 반성과 후회가 엄습해 옮을 느낄 때가 많다. 자신이 더 정당했다는 변명보다 참지 못한 자신의 모습이 더욱 클로즈업되어 부끄러움을 느끼도록 자연의 능력은 창조하신 하나님의 따뜻한 다스림과 간섭이 깃들어 있기 때문이 아닐까? 사실 사람은 자신의 그림이나 그 어떤 창작 행위에 자신의 것이라고 주장하듯 절대로 이름은 빠뜨리지 않는다. 스스로 마음속에 높은 가격을 매기고 절대 가치를 주장하길 주저하지 않는다. 작은 화폭에 꽃 하나 그려 넣고도 인정받기 바라는 욕심이 평생을 두고 꿈틀거린다. 그런데 하나님은 자신의 창조 작품에 내 것이라고 우기지 않으시고, 값없이 취급하는 인간을 뭐라 하지 않으시고 그저 감상하라 하신다. 무명작가의 작품으로 취급당하듯 스스로 자(自)에 그럴 연(然)처럼 여기는 사람의 심보에 뭐라 하지 않으시고 인간을 위해 계속 채색하시는 하나님의 관용을 이 가을에 깊이 인식하는 지혜가 있다면 얼마나 좋을까?

강림절 풍경

강림절, 대림절, 대강절로 사용되는 절기는 11월 말 혹은 12월 초에 시작되어 성탄절을 맞이하는 시기에 주님의 오심을 준비하고 그에 따라 크리스마스트리나 장식으로 더욱 신앙적 정진과 경건함을 요구하는 시기 이기도하다. 이 시기에 갖는 성도의 자세란 기다림의 자세로 주를 기대하고 주님을 맞음으로 더욱 크리스마스의 의미를 빛내는 기간이기도하다. 그래서 12월은 바쁨의 리듬 속에 자신을 방임하고 휩쓸리는 기간이 아니라 더욱 경건하게 시간 감을 느리게 느끼며 지내는 기간이기도하다.

그렇지만 우리의 환경은 전혀 그렇지 않다. 그리스도 예수가 실종된 크리스마스 분위기에 도취되어 정신 없이 12월을 지내버린다. 교회는 교회대로 세상은 세상대로 금세 어떻게 보냈는지도 모르게 1월을 맞이해서 그때서야 시간이 정지된 듯한 잠깐의 느낌을 가지는 것 같다. 어떻게 보면 일 년이 11개월 밖에 존재하지 않고 12월은 시장의 떨이처럼 피상적인 시간을 지내곤 하는데 그 이유가 일 년의 시간 속에 가속이 달마다 붙어서 12월은 가장 빠른 가속으로 달리는 시간처럼 바쁘게 몸과 마음이 움직이는 한 달 이기도하다. 그래서 절기가 중요한 것 같다. 즉 절기로 세상의 리듬에 맞추어 들뜬 분위기로 주님을 실종한 채 보내는 한 달이 아니라 주의 강림을 고대하는 경건함의 절기로 보냄은 어떨까?

어떤 의미론 교회행사도 줄이고, 이때 많은 추억을 주님과 함께 나누는 시간이 되는 것 이것이 묵상과 기도로 주를 기다리는 자세가 되는 진정한 의미의 강림절 풍경이 되지 않을까 여겨본다.

사실 크리스마스하면 트리나 각종 음악행사, 교회 촌극, 캐럴 송, 장식된 십자가, 눈 덮인 교회 등등의 이미지에 주님이 가려져 자연스럽게 그분이 실종된다.

모든 것이 상징으로만 존재하지 주님과 인격적인 교제가 상실되기 쉬운 때이다. 오히려 이때 주님을 잊고 세속적이 되어도 면죄부를 받는 듯한 문화에 익어 있는 모습이 오늘의 교회 풍경 같다. 즉 상업주의의 세속적 빠름, 캐럴 송, 촌극의 내용에서 오는 깔깔거림 등, 젊은이가 주관하는 행사는 많은데 그들을 지도하는 어른이 없이 젊은이의 축제로 자리를 잡은 것이 크리스마스의 풍경이 아닌지 다시 한 번 강림절을 통해서 새로운 풍경을 만들어 감이 어떨까 여겨본다. 그렇지 않으면 다가오는 새해 1월이 참으로 부담스러울 수도 있다.

많은 교회가 1월 첫 주에 재직 임명, 예산 결산 보고를 하는데 새해에 있을 행사 등등의 스케줄이 어떤 성도에겐 거추장스럽게 느껴질 법하다. 그만큼 감성적이고 피상적인 12월을 들떠서 보내다가 교회가 해야 할 거룩한 계획을 단순히 딱딱한 비즈니스 차원으로 치부하고 여기서 말들이 많아지면 역시 교회가 갖는 큰 부담으로 다가온다. 이렇게 되는 요인 중 하나가 있다면 12월을 기다림의 영성으로 준비하질 못해서 그런 것 같다. 주님을 기다리는 자세로 보냈다면 더욱 성숙한 새해로 새 출발을 신앙적 아름다움으로 창조해 낼 수 있는 지혜가 있었을 텐데 말이다.

그런 면에서 강림절이 교회 절기로 주어진 것은 큰 은혜이다. 오래전 천년을 넘어온 교회의 역사 속에서 지켜왔던 강림절의 내용이 개혁주의 신앙인들처럼 경건하게 주님의 오심을 축하할 준비 뿐 아니라 다시 오실 예수 그리스도를 맞이하는 종말론적 영성으로 보내는 12월이 된다면, 아울러 주님과 인격적 교제와 사귐으로 드리는 시간이 된다면 이처럼 아름다운 강림절 풍경이 어디 있을까 여겨본다.

고무줄 나이

　나이를 먹어도 육체의 나이와 관계없이 마음은 청춘처럼 착각하며 사는 경우는 얼마든지 있다. 그래서 나이에 고무줄을 단 것처럼, 나는 젊다고 마음으로 주문을 외우듯 산다. 거울속의 나란 존재는 허상인 것처럼 여기길 마다하지 않는다. 그러다 남이 찍은 비디오나 사진 속에 발견한 자신에 놀란다. 저기 있는 저 사람이 자신인가 의아해 하면서 부정하려 해도 부정이 되질 않다가 어쩔 수 없이 받아들이지만, 늘 마음속의 나이는 청춘으로 살려 애를 쓴다. 그래서 나이는 청춘의 어느 한 점에 고정시켜 놓고 고무줄처럼 길게 늘려 산다. 그런 의미로 책상이나 거실엔 언제나 청춘 시절의 사진이 지금의 자신처럼 착각하며 살게 하는 매개체가 되곤 하는데, 양노원의 노인이 처녀 총각 때 사진을 갖고 이방 저방 돌며 자랑하는 모습처럼 느껴질 때에야 사진을 바꿀지 모를 일이다.

아무튼 겉 사람은 후패하여 보여도 마음이라도 젊게 살려는 마음가짐은 귀하고 중요하다. 어떤 면으론 세월에 비례해서 저항하는 인간의 모습은 인간만이 갖는 어떤 의미의 실존인지도 모르지만, 겉 나이와 속 나이와의 갈등을 갖고 평생을 살다가 죽음 직전에 모든 현실을 인정한다. 그때에는 너무 오래 살았다는 푸념이 나오는 것 같다. 그만큼 하나님의 품으로 돌아갈 땐 육체의 무게가 부담이 되어서 그러나 보다.

오늘날의 문화가 젊은이 중심의 문화이다 보니 나이를 든다는 것이 과거에 비해 엄청난 부담으로 온다. 그래서 젊게 보이려고 성형도 하고 화장법도 많이 발달했다. 심지어 주름살 피는 화장품도 불티나게 팔린다고 한다. 그만큼 나이 듦이 밀려난다는 위기의식으로 다가올 만큼 젊은이 중심의 문화가 작금의 현실이다. 이런 분위기가 나이 듦에 저항하듯 살게 만들고 이런 저항이 강할수록 추잡함을 느끼게까지 한다. 그래서 고상하게 연륜이 넘치는 사람답게 늙는 법을 알고 사는 지혜가 있느냐 없느냐에 따라 삶의 의미는 성패(成敗)로 나눠지지 않을까 생각해본다.

성경에는 백발이 아름답다고 한다. "젊은자의 영화는 그의 힘이요 늙은자의 아름다움은 백발이니라"(잠언 20장 29절). 성경이 말씀하시는 이런 표현은 백발이 되도록 많은 세월 속에 숨어있는 경륜과 그로 말미암은 혜안 등 이루 말할 수 없는 지혜가 내포된 의미이다. 이렇듯 나이 먹음이 젊은이로 하여금 부러움이 되었던 성경속의 문화, 어른들에게 머리를 숙였던 질서 속에 귀가 열려 있었던 젊은이들의 모습들, 상상만 해도 부러움이 든다. 이런 의미로 이마나 귀 밑의 주름살, 머리 빛깔의 변화가 얼마나 큰 자랑이고 부러움의 대상이 되는지 이땐 나이에 고무줄을 달 필요가 전혀 없겠다. 오히려 고무줄을 머리가 백발이 될 나이에 달고 거꾸로 늘리려는 사람이 많은 세상, 즉 어른들로부터 경륜을 배우려하고 마음과 생각을 잘 수련하고 깊은 지식을 얻으려 많은 책을 섭렵하려는 애씀, 그리고 온전한 믿음으로 우러나는 영성적 삶의 가치를 아는 세상이라면 그 얼마나 좋을까? 그래서 믿음 안에 더욱 고상하게 나이 먹으려는 노력, 흰 머리카락 숫자만큼 지식과 지혜와 덕성이 넘치는 사람이 되어가는 무르익음의 향취가 나는 사람이라면 나이와 고무줄과 무슨 관계가 있으랴!

"백발은 영화의 면류관이라 공의로운 길에서 얻으리라"(잠언 16장 31절).

고통의 의미

지금은 교회력에서 사순절 기간이다. 이 사순절 기간에 늘 묵상할 제목이 있다면 그것은 고통 즉 십자가에 대한 생각일 것이다. 고통을 십자가로 볼 땐 수 없이 많은 의미가 떠오른다. 십자가를 지는 의미의 고통이라면 얼마든지 그 고통이 고통 자체로 여겨지지 않을 것이다. 그럼에도 십자가의 의미를 가진 고통도 고통 그 자체로 얼마나 많은 갈등이 있었는지 예수님의 예를 본다면 결코 고통의 문제는 단순하지 않다. 어떻게 보면 주님께서 고통 후에 부활의 영광을 보았더라도 고통이란 존재는 극심한 현실적 인식으로 다가온다. 단지 고통의 문제가 의미로 끝나 버린다면 이는 고통의 현존성을 외면한 말 같기도 하다. 그처럼 예수님이라도 고통의 문제에선 철저히 하나님 특히 인간 예수로 경험하셨던 것이다.

사실 고통의 신음소리는 인간이 사는 세상 그 어디서나 쉽게 발견한다. 말하자면 인간 그 누구도 고통에서 벗어날 길이 없다. 자기로부터 가족 그리고 공동체 안에 사회로 온 세상으로 나가도 고통 하는 현실은 얼마든지 맞닥뜨린다.

사람은 태어날 때 울며 태어난다는 단순한 말에서 많은 의미를 떠올리게 한다. 울면서 와서 웃으며 죽을 수 있다면 이는 행복한 자이다. 그만큼 고통의 순간이 짧되 좋고 깔끔한 이미지를 남기며 주님 품에 안기는 것이 진정한 기도 제목으로 남는다. 특별히 노령화 인구가 점점 많은 이 시대엔 '구구팔팔이삼사'의 소원이 넘치고도 넘친다. 그렇다고 인간의 의지대로 되는 것도 아닌 것 같고, 노력도 해보고 기도할 뿐이지만, 어느 순간에 치매가 될지, 자신도 모르는데 불치병이 잠재해 있을지 은근히 사람은 점점 염세적으로 변화되기 쉽다. 그렇기에 고통과 죽음의 문제를 해결하지 않으면 점점 어두움이란 존재에 삼킴 받을 수밖에 없다. 자칫 잘못하면 고통은 현실로 죽음은 이상으로 지배당하며 전 방위로 포로 된 모습으로 살아가기 쉬운 모습이 인생이란 두 글자의 이미지로 각인 될까 두려운, 인간의 군상은 이미 마음속에서 웅크리고 있다.

널싱홈(Nursing Home)을 방문하면서 늘 느끼는 것이 있다. 사람은 죽음에 이르기까지 참으로 힘들다는 느낌이다. 마지막 인생의 황혼기를 보내는 널싱홈의 병상에서 튜브로 음식을 공급 받으며, 똥오줌을 남이 치워주길 기다리며 버려진 존재처럼 되어있을 때의 심정을 누가 헤아리겠는가? 사람이 널싱홈으로 갈 때 현대판 고려장이란 느낌은 지울 수 없는 것이다. 이안에서 이뤄지는 잃어버린 인간들의 갈등과 고통을 얼마나 많은 사람들이 헤아려 줄까 생각하면 필자라도 이런 사람들의 군상들을 잊고 지낼 때가 많다.

인간에게 늘 따라다니는 고통의 문제, 이 문제는 존재의 일부가 되어서 평생을 붙어 다닌다. 인간이 고통의 문제를 넘어선다는 것은 불가능한 것 같다. 그렇기에 고통의 의미를 찾아야 할 책임이 인간에게 남는다.

빅터 프랭클은 이렇게 말했다 "어찌된 일인지 고통은 그 의미를 찾는 순간 고통이기를 멈춘다." 정말 고통 속에 담긴 의미를 찾은 사람에게 그 고통은 행복한 고통이 될 수도 있다. 그만큼 고통에서 인간의 성숙과 성화가 가능하기 때문이다. 그렇다고 고통은 고통이길 멈추질 않는다. 인간이 의미를 잃어버릴 때까지 끈질기게 따라 붙는다. 그래서 예수의 십자가를 붙들 수밖에 없다. 고통을 넘어선 십자가 거기엔 부활이 있기 때문이다. 응당 십자가에는 고통이 따르고 이 고통 역시 십자가의 의미를 이겨먹으려 하지만 이미 십자가엔 고통의 의미를 넘어선 진정한 생명이 인생의 고통을 이기게 하시는 하나님의 은혜로 감싸고 있기 때문이다. 바울의 고백을 다시금 되새김해 본다.

"그러므로 우리가 낙심하지 아니 하노니 겉 사람은 후패하나 속사람은 날로 새롭도다"(고린도후서 4장 16절).

곰보빵, 팥빵

성탄이 가까워지면 교회마다 촌극과 성탄절 칸타타 음악행사로 바쁘고 이런 행사는 단골 메뉴로 늘 치러야 하는 매해 즐거운 과제가 된 셈이다. 그런데 이런 행사를 통해서 아주 귀한 추억들을 선물로 받기도 하는데 이 선물은 한번 뜯어보는 것으로 만족하는 것이 아니라 평생을 두고두고 뜯어서 꺼내 보는 선물이 된다. 그래서 크리스마스 행사에 동참하고 이런 저런 준비 과정을 통해서 내면에 추억이란 선물을 차곡차곡 쌓아간다. 마치 하얀 눈 내림처럼...

어릴 적 초등학교 다닐 때는 친구 따라서 등반 카드나 인도 카드 등을 받기 위해서 교회에 나간 적이 있었다. 딱지 같은 한 장의 명함크기의 종이를 받고자 교회에 나가다가 한번 두번 빠지자 결국은 교회를 등지게 되었다. 또 다시 교회에 발을 돌린 것은 크리스마스가 가까워서 교회에서 주는 빵을 받기 위해서 교회에 나갔다. 크리스마스 날 교회에 나가면 속보여서 12월 초에 교회에 나갔었다. 그리고는 젊잖게 속 안보이고 팥빵이나 곰보빵 중 하나가 나에게 걸리길 희망하면서 몇 주 교회를 잘 나갔었다. 그런데 2-3주간 그렇게 소원하던 빵이 내 몇 명 앞에서 떨어졌을 때 황당함과 화남이란, 크리스마스 당일 나와서 빵 타먹는 동생이나 다른 친구들을 보았을 때 원망스럽고 그렇게 싫어 보일 수 없었던 추억이 어릴 적 추억으로 자리매김해 있다. 이런 아픔의 추억(?)이 지금도 곰보빵이나 팥빵에 대한 미련을 버리지 못하는 것 같다. 그래서 빵집에서 팥빵은 내 시선의 주목을 받곤 한다. 아무리 예쁜 빵이 많이 있어도 말이다.

사실 필자는 곰보빵 보다는 팥이 들은 팥빵을 더 좋아 한다. 역시 팥이 들어있기 때문이다. 이 팥을 입에 오물거리며 씹을 때와 단맛의 향수 때문에 매콤한 것, 짭짤한 것, 새콤한 것 보다는 달콤스러운 것을 지금도 좋아하는지 모르겠다. 그래서 음식에 단것이 들어있는 콩자반, 멸치복음, 볶은 고추장을 좋아 하는지 모른다. 중년의 나이에도 불구하고...

교회에서 크리스마스 칸타타를 준비하고자 매주 토요일 저녁에 성가 연습을 한 적이 청년시절에 있었다. 이때 칸타타 연습을 시작하면 언제 끝나나 막막해 했지만 참고 인내하게 만든 힘은 신앙이 아니었다. 연습이 끝나면 주는 요구르트와 팥빵 혹은 곰보빵이었다. 글쎄, 교회와 곰보빵과 팥빵의 인연이 이렇게 끈끈한 관계가 되었는지 모르겠지만, 70~80년대엔 이 두 종류의 빵은 흔하면서도 가장 값이 싼 이유에서 쉽게 공급이 되었다. 그래서 교회 행사후의 보상은 요구르트와 더불어 빵 하나가 귀한 보상이었던 셈이다. 그럼에도 이것이 작아 보이진 않았다. 열심히 성가 연습 후에 먹는 즐거움과 훈훈함이 감돌았던 교회 분위기의 촉매제 역할을 했음에 틀림없는 일등 공신이 바로 곰보 혹은 팥빵의 헌신이었던 셈이다.

사실 그 당시 빵 하나가 10원에 불과했지만, 10원 짜리의 헌신이 주었던 효율성은 필자를 포함한 수없이 많은 사람들에게 은근한 즐거움을 주었던 셈이고, 지금도 추억으로 언제든 뜯어 열고 즐길 수 있는 기억 속에 자리 잡은 아름다운 선물인 셈이다.

혹시 이런 질문을 해본다면 어떨까? 즉 나는 10원짜리 곰보빵이나 팥빵이 주는 추억처럼 사람과 사람을 이어주는 훈훈한 촉매제 역할을 감당하고 있는지, 아니면 대화의 여유조차 없이 자기 것만 빨리 먹어 치워 버리고 마는 아이스크림 같은 사람인지 곰보빵, 팥빵의 추억을 통해 다시 한 번 자신을 돌아보게 한다.

공짜 인생

모든 것이 감사하다. 거저 얻은 것이 너무 많기 때문이다. 사실 사람은 공짜가 없으면 살수 없는 존재 같다. 공짜는 없다는 말을 잊지 않고 살아감이 지혜인 것 같아도 공짜가 없으면 못사는 존재가 인간이 아닐까?

어쩌면 인간의 눈으로는 공짜가 잘 안 보이는 것 같다. 그래서 지혜자의 눈을 가지고 바라봄이 공짜의 세계가 아닐까 여겨본다. 지혜를 사용하지 않더라도 철이 조금이라도 들었다면 공짜로 얻은 것이 얼마나 많은지 알 것이다.

영국의 유명 연구 단체의 연구 결과라나? 자연이 인간에게 베푸는 혜택이 평균치 33조억 달러라 하는데 이토록 무료 혜택을 제공해 주어도 감사를 느낄 인간은 별로 많지 않은 것 같다. 필자를 포함해서 말이다.

공짜는 공짜, 대가로 얻는 것도 공짜로 얻어지길 바라는 심보가 평생을 두고 지배하려는 갈등과 이겨먹음, 그래서 뻔뻔함이 그럴듯한 겉치레 속에 숨어있는 진짜 모습인지도 모르겠다. 왜냐하면 이런 뻔뻔스러움은 태어나서부터 부모의 진을 빼먹고 익숙히 살아온 터이기 때문이다. 그래서 사람은 공짜에 강하고, 베풂엔 열배로 갚음을 받아도 절대로 잊지 않는 존재이기도 하다. 그래서 주고도 은혜를 모르는 자라고 괘씸죄를 적용하곤 한다. 결국 공짜로 주고도 스스로 공짜에 매인다.

그런 면에서 사람은 얻은 공짜를 계수함에 그렇게 인색한 것 같다. 내가 준 공짜는 절대 없고 남이 준 공짜는 절대 공짜가 되길 원하는 심보가 다는 아니더라도 사람이 인생을 살아가는 법처럼 여긴다. 그래서 내가 받은 공짜를 셀 줄 알고, 공짜 지수를 크게 인식할 줄 아는 사람이 철듦의 지수가 될 수 있고, 이런 시각이 우주에 가득 찬 공짜를 보고 아는 지혜의 사람이 되지 않을까 생각해본다.

어떻게 보면 신앙은 공짜로 받은 것이 얼마나 많은

지를 인지할 줄 아는 시각을 갖다 준다. 그래서 갚음의 사람이 되려고 애를 쓰게 된다. 첫째가 하나님이요, 그 둘째는 이웃이 되고, 자기 자신도 공짜 인생인 것을 잘 안다. 그래서 "모든 것이 은혜입니다. 감사 합니다. 거저 받았습니다!"라는 말을 입에 달고 다닌다. 누군가 "신세졌습니다"라고 하면 "뭘요 제가 받은 것이 얼마나 많은데요?"라는 말로 부담을 덜어준다. 단지 부담을 덜기 위함이 아니라 관계라는 선물을 받으니 오히려 고마워서 진심어린 말로 "제가 얻은 것이 더 많지요"라고 할 수 있는 여유가 공짜 인식의 공간이 클수록 많다. 그래서 감사하고, 고맙고, 은혜로 가득 찬 세상을 알고 사는 지혜, 여기서 행복의 지수는 점점 커간다.

그런데 자기 것을 세면 셀수록 행복의 지수가 점점 줄어든다는 사실을 사람들은 잘 모르는 것 같다. 필자를 포함해서 말이다. 마치 어린아이들의 땅 따먹기처럼 자신의 영역을 더 넓히며 살고자 쟁투하듯 더 큰 소유에 집착하고 올인 하는 인생으로, 공짜는 없다가 절대 진리인 것처럼 여기며 산다. 이렇게 사는 것이 똑똑한 삶일 진 몰라도 지혜 있는 삶이라 말하긴 어려울 것 같다.

　사람이 성숙해 지고, 은혜를 알고, 감사가 입에 붙어 다닐 수 있는 것은 하나님 은혜로 사는 공짜 인생인 것을 아는 것에 달린 것 같다. 특별히 감사 절기를 지나면서 은혜와 감사 그리고 공짜를 세면서 지나면 좋을 것 같다는 생각을 해본다. 글쎄, 감사를 계수하라면 은근히 숙제처럼 여기는 느낌이 들지만, 이미 주어진 공짜가 사람이 인식하는 범주를 벗어난 만큼 크다는 것은 사실이다. 탈무드에 이런 말이 있다고 한다. "감사를 모르는 자를 벌하는 법을 하나님께서 만들지 않은 것은 감사할 줄 모르는 자를 이미 불행으로 벌하셨기 때문이다."

교실 밖의 눈

애틀랜타(Atlanta)서 눈을 구경한다는 것 참으로 쉽지 않다. 매년 겨울마다 눈발이 한두 번 손톱만큼 보이다가 말았던 싱거운 겨울을 늘 보내다가 함박눈을 맞아보고 경험하게 되었다. 급작스럽게 내려주는 눈이 얼마나 반가운지..., 거북이 걸음이 되어 기어가도 눈 위를 간다는 생각에 너무 좋았다. 위험은 고사하고 말이다.

역시 아내와 함께 어딜 다녀오다가 눈 내림을 또 보았다. 그럴 때 아내의 입에서 "송이 눈이다!"라는 소릴 들었을 때 송이 눈이란 단어를 너무도 오랜만에 들어보기에 "송이 눈?" 하며 의심이 갔었다. "송이는 버섯에만 쓰는 단어인데?"라는 생각에 바보스럽게 노래를 해보았다. "펄펄 눈이 옵니다 ... 송이송이 하얀 송이를..." 그리고 송이 눈이 맞는다는 결론에 도달하자 아내를 못 믿는다는 핀잔을 듣게 되었다. "아내를 믿겠습니다!"라는 다짐으로 사건이 일단락 지었을 만큼 조지아에 눈이 온다는 것, 잊은 것을 다시 찾았다는 기쁨이 은근히 감돌았다.

다시 눈을 본 것은 교실 창밖에 흩날리는 함박눈이었다. 차창 밖으로 보는 눈과 학교 교실에서 보는 눈의 차이는 무엇일까? 사실 학교에서 보는 눈은 많은 추억을 떠올리게 한다. 학창시절의 추억, 추운 겨울날, 교실밖에 눈이 오면 무섭던 선생님은 마음이 녹고 모두 들뜬 기분이 되곤 했던 시절의 생각이 절로 떠올랐다. 열심히 공부하고 있다가 "선생님 눈이 와요!"라고 어느 학생이 외치면 선생님의 반응은 "시끄러워!"라고 반응하지 않는다. "어디!"라고 반응하고 온 교실의 분위기가 잔칫집 분위기로 바뀌곤 했던 기억을 더듬어 본다. 기분이 좋아진 선생님의 얼굴, 더불어 눈싸움에 대한 기대, 아울러 눈이 오면 쌀쌀하지 않은 날씨에 눈을 밟으며 교정을 나섰던 기억들이 새롭다. 그리고 분식집 안으로 비치는 김나는 찐빵과 만두를 바라보는 애틋한 심정 등, 은근히 잊었던 추억이 모락모락 떠오른다. 그만큼 눈은 잊었던 추억의 조각들을 많이 갖다 주었다.

사실 검은 제복시절의 교실안 분위기는 늘 긴장의 연속이었다. 선생님의 기분에 따라서 그날의 매타작의 강도가 달랐기에 선생님의 기분을 파악하는 학생들의 눈치는 참으로 빨랐다. 긴장이 감도는 교실 안에 역시 주책없이 엉뚱한 짓을 하는 녀석들 때문에 선생님의 기분에 불을 붙이는 일로 뺨이 벌겋게 얻어맞는 일을 보면서 공부보다는 선생님의 눈치를 먼저 알아야 했던 때, 교실 밖에 눈이라도 내리면 선생님의 마음이 풀려서 좋았다. 기분이 풀리는 선생님의 얼굴에 온 학생들이 덩달아 좋아서 시끄러워지지만 선생님의 안색 역시 싫지 않은 얼굴이셨다. 그래서 좋았다. 그리고 집에 가서 따듯한 구들장 위로 솜이불 덥고 배 깔아 명작 소설 읽을 기대도 해보았다. 그래서 구속으로부터 잠시 해방되곤 했던 기억이 든다. 어쩌면 그 시절의 상징은 검은 제복과 하얀 플라스틱 칼라에 호크를 채워야 하는 답답함이 연상되곤 하지만 그래도 그 안에서 눈 오는 날의 아름다운 추억들이 더욱 많이 떠오른다.

　글쎄, 오늘날 눈치라는 단어는 점점 잊히는 단어가 아닐까 여겨본다. 그만큼 눈치 없이 당당한 아이들을 너무 많이 보기 때문이다. 오히려 나이가 윗사람이 아랫사람 눈치를 보는 시대에 살고 있다. 후배들 눈치, 자식들 눈치, 안하무인격인 젊은 친구들의 눈치 역시 벗어날 길이 없다. 그래서 하나님의 눈치를 볼 여유가 없나보다. 사람들의 눈으로 가득한 인생 여로를 지나는 세대, 사람의 마음을 읽기 바쁜 세대로 툭하면 주눅이 찾아오곤 했던 마음의 쏠림 현상은 이렇듯 교실에서 강화되었다. 그래서 이젠 이런 저런 눈을 의식하기 보다는 하나님의 눈을 의식하는 것이 그 시절 한국 사람이 갖는 신앙의 싸움이 아닐까 여겨본다. 사람에게 마음 쏠림의 현상이 하나님께 쏠리는 신앙심으로 눈 오는 날의 기쁨처럼 살아간다면 날마다 교실 밖의 눈을 경험하지 않을까 생각해 본다. 또한 그럴 이유에 관계없이 "항상 기뻐하라!"고 말씀하신 주님의 이유를 깊이 묵상해 본다.

구구팔팔이삼사

낙엽이 물들고 찬란한 시간을 갖자마자 가지에 메말라 나부끼거나 땅바닥에 이리저리 뒹굴러 귀찮은 존재가 되듯이 잘못하면 인간도 나이 들어 병들면 귀찮은 존재가 되기는 뻔한 현상이다. 그래서 '구구팔팔이삼사'란 말이 나왔다. 즉 남에게 특히 자식에게 신세를 지고 미안한 일을 덜 겪도록 구십 구세까진 팔팔하게 살다가 이삼일 앓고 죽는 것이 나이를 드신 분들 아니 모든 분들의 소원이요 기도 제목임에 틀림이 없는 것 같다. 그럼에도 건강이 마음대로 안 되고 생명이 마음대로 죽는 것이 아니다. 필자는 종종 병상에 누워계신 분들을 만나는데 이런 분들의 하소연엔 "너무 많이 살았다"는 소리와 "목사님 왜 빨리 안 죽어요?"라는 소릴 주로 듣게 된다. 이런 연유가 자식들에게 부담 주는 미안한 마음 때문에 말씀하시는데, 세상에 회자되는 구구 팔팔-이삼사가 되어서 깔끔하게 살다가 죽는 것이 얼마나 큰 소원이 되는지 이해가 된다.

어느 분과 대화를 나누다가 이런 말을 들은 적이 있다. "가장 좋은 죽음은 살만큼 산 나이에 비행기 사고로 죽는 것"이라 한 말을 들은 적 있다. 그 이유가 "보상금도 나오고 자식들에게 물질적 유익을 주고 아울러 생명보험이라도 더 들어 놓았으면 얼마나 좋을까"라고 한 어느 분의 말씀에 좋은 이미지를 남기고 살고 싶어 하는 소망을 엿볼 수 있었다. 젊어서, 더 나아가 중년의 나이야 이런 것이 현실이 아니라서 느낌이 피부로 오질 않지만 다가오는 현실엔 남에게 부담을 주지 않고 좋은 이미지를 남기고 죽는 소원은 가장 큰 기도 제목이기도 하다. 그만큼 남에게 좋은 죽음을 남기고 가는 것 큰 기도제목이고 역시 많은 준비가 필요한 현실이다.

최소한도 메디케어(Medicare)나 메디케이드(Medicaid)를 준비해서 자식들에게 덜 부담을 주고, 미국 사람들처럼 양노원(Retirement Center)에 있다가 널싱홈(Nursing Home)으로 갈 준비를 다하고 깔끔한 인상을 주고 천국에 가도록 평소에 잘 준비하는 것이 젊었을 때의 몫이라 여겨본다.

그럼에도 이민의 삶에 이리저리 바쁘고 자식들을 위해서 진을 다 빼주고 자신에겐 투자를 못하시는 것이 나이 드신 어른들의 현실이기도 하다. 그래서 교회가 하는 일엔 다가오는 노인인구에 대한 준비로 케어 기버(Care Giver)가 되어 주고, 상조사에 대한 준비와 정보를 가지고 큰 도움이가 되어 줄 수 있는 준비를 규모가 큰 교회는 물론 거의 모든 교회에서 해야 하지 않을까 생각해본다. 비록 규모가 큰 교회는 시스템이 있다 하더라도 규모가 작은 교회가 겪는 일 중엔 어려운 분들을 만날 수밖에 없고, 도움을 드릴 수밖에 없는 낮은 울타리가 되기 때문이다. 그래서 어떻게 이런 분들에게 도움을 드릴 수 있을지 기본적 이해와 정보를 가지고 어떤 기관을 이용하고 소개해 드리고, 사회 복지사(Social Worker)와 상의 할 수 있는 라인(Line)을 갖고 있음이 얼마나 중요할 까 생각해 본다.

세상에서 회자하는 '구구팔팔이삼사' 정말 누구라도 소원해 보지 않을 사람 없을 것 같다. 건강하게 구십 구세까지 살면서 인생의 경륜과 복음진리의 지식을 젊은이들에게 나눠 주는 여유로 "인생은 이렇게 사는 거야!"라는 본(Exemplar)되는 삶을 소원하고 기도로 준비하며, 인생의 황금기를 오히려 칠십이 넘어서 구십 구세까지 일하며 누리는 역동의 삶이 된다면 현실과 천국의 간극이 그리 크지 않을 것 같다. 그래서 준비해야 하지 않을까 생각해 본다. 건강을 준비하고, 지식을 준비하고, 물질도 무시하지 않고, 영성으로 준비해서 인생의 황금기를 칠십이후에 경험하는 인생이 되길 날마다 간구해야 할 삶의 당위성이 지금 있지 않을까 생각해 본다.

글쓰기의 고민

백지위에 무엇을 써내려 갈까 고민하는 사람의 갈등은 글 쓰는 사람만이 갖는 특권이기도 하다. 글이 내 머리에서 다 나올 것 같은데 머리에서 나오지 않고 글이 글을 이어간다. 이렇듯 글쓰기 광맥이란 가능성을 파고 들어가서 후에 보화가 되곤 한다. 처음엔 제목조차 무엇으로 해야 할지 망설이다가 글이란 좁은 길을 따라 가다보면 새로운 신천지로 인도함을 받는다. 결국 글을 쓴다는 것은 새로운 세계로의 여행이라는 표현에 공감이 간다. 미지의 개척지를 향해 개척하듯 길을 뚫고 가다보면 새로운 세계가 있음을 보고 놀라움에 스스로 입을 다물지 못할 때가 많다. 그만큼 글이란 개연성, 가능성, 창조성, 예술성, 생명성 등을 가지고 있다.

필자에게 고마운 것은 매주 글을 쓴다는 특권이 있고, 이렇듯 글 씀으로 붓으로 밭을 가는 특권을 갖게 되었다. 많은 분들은 아니지만 읽어주시는 분이 계시고, 글에 대해 이런 저런 느낌을 말씀해 주시는 분에게 감사를 드리게 되었다. 그래서 글은 혼자 쓰는 것이 아니라 함께 쓴다는 생각이 들었다. 필자, 독자, 편집자 등이 어우러져서 하나의 글이 세상에 알려진다는 것 역시 종합예술처럼 느껴진다.

과거로 갈수록 디자인의 중요성을 별로 느끼지 못했다. 그래서 책들이 다 투박하다는 느낌을 가졌다. 외형보다 내용을 중시하는 정서로 책의 포장이 중요한 것이 아니라는 분위기 혹은 디자인 기술의 발달이 못 미치어 누구의 작품이고 추천인가라는 사실이 중요했다. 물론 그렇다. 그런데 요즘은 아무리 내용이 좋아도 포장이 산뜻하지 않으면 손이 가질 않는 세상인가 보다. 그래서 편집자의 중요성, 디자이너의 중요성이 강조되는 세상이기도 하다. 그만큼 글이란 필자 혼자의 작품이 아니라 독자와 더불어 편집자와 디자이너가 함께

함으로 가능하고, 더불어 출판인의 시각이 중요하다. 출판을 못 하겠다 하면 출판이 어렵고, 출판인의 경험에 의해서 글에 대한 수정을 요구 받기도 한다. 이런 몫이 편집인의 몫이지만 출판사에 계신분의 힘이란 엄청나다는 생각이 들기도 한다.

사실 필자는 책을 출간한 적이 있었다. 그래서 이런저런 과정을 알게 되었고, 책으로 나오기 까지 3년여 세월이 보내져서 책이 되었는데 그 제목이 〈교회가 있는 풍경〉이었다. 무엇으로 제목을 해야 할지 많이 고민했지만 25년간 출판에 경험이 있는 분의 의견대로 이 제목을 쓰게 되었다. 이 책 한권이 먼저 항공 우편으로 집에 도착하는 날 먼저 기도 한 것이 이 글을 통해서 누군가 예수를 만나게 해달라는 기도를 드리게 되었다. 비록 졸필이고 어눌한 사람의 글이지만 누군가 예수를 알게 된다면 하는 소원을 갖고 눈물과 더불어 기도를 드리게 되었다. 분명 부족한 것이 많지만, 글 제목과 내용마다 더 파고들면 더 귀한 보물이 파 헤쳐질것 같은 기대감이 있었다는 아쉬움도 섞여 있지만, 세월 속에 녹아든 작은 경험과 사유, 신앙이 어우러져서 글로 완성이 되었을 땐 필자의 작품이라고 여기기엔 너무도 필자의 역할이 작음을 고백하지 않을 수 없었다. 결국 제 3의 누군가의 것처럼 느껴질 만큼, 누군가가 읽었을 때 "글은 글을 쓴 사람의 몫이 아니라 모든 사람의 몫이 되겠구나!" 느껴졌다. 그래서 글은 필자의 것이 아니라 읽고 느낀 사람의 몫이 되겠다 여겨본다.

아무쪼록 흰 백지 위에 제목도 정하지 못하고 써내려가며 미지의 세계로 탐구하듯 길을 만들어 간 길로 새로운 세계를 경험케 하신 우리 주님께 감사드리며, 이를 기폭제로 더욱 깊고 넓은 여정이 있기를 기대해 본다. 아울러 누군가 예수님을 만난다는 소망을 가지고 계속되는 미지로의 여정을 주저하지 않고 산책하듯 가며 하나님이 창조하신 창조세계로 더욱 몰입되길 간절히 기도드린다. 그리고 글쓰기의 고민을 즐기게 해 달라는 기도도 함께…

An Essayistic Spiritual Journey of A Naive Stranger

늦가을의 길목에서

나뭇가지 꼭대기에 매달려 아슬아슬하게 흔들리는 나뭇잎, 나뭇가지 끝까지 채색이 되어 노란 손수건을 흔들듯 가을을 함께 축제하자고 난리다. 곧 떨어질 운명도 모른 채 노란 잎은 노란 저고리 입고 친정집 첫 나들이 하는 새색시의 기쁨처럼 가지 꼭대기에서 춤추고 있다. 그처럼 걱정이 없이 사는 네 모습에 내일을 걱정하며 근심의 수색이 교차하는 얼굴로 가을을 잊고 사는 인간의 모습이 한 없이 부끄럽다 느껴졌다. 봄, 여름, 가을, 심지어 어떤 땐 겨울까지 바람을 맞으며 흔들림을 당해도 불평 없이 자연과 일체가 되어주는 성숙함에 조금이라도 깨어있는 인간이라면 조화가 무엇일지 은은한 가르침을 느낄 것 같다. 즉 계절과 철듦, 계절 따라 옷을 바꿔 입을 줄 아는 코디 선생님, 나뭇잎 하나에서도 배울 것 같다는 느낌이 스치지만 늘 막막하다. 그만큼 인위적인 것으로 익숙함과, 옷 하나에도 남의 눈을 의식하지 않고 고집을 부리려는 인간의 근성이 자연스러움이 무엇일지 평생을 통해도 모를 것 같다. 그래서 계절을 알고 느끼며 사는 것 귀하지 않을까? 자연스러움의 인간미학이 무엇일지 숨어있는 힌트를 알 것 같아서이다.

　사실 사람이 관계적 존재인 것을 모르는 사람은 없을 것이다. 그럼에도 관계가 늘 부자연스럽고 부담스럽기 그지없다. 서로가 선생이 되려하고 종속시키려는 근성이 꿈틀거려 자연스런 만남이 부자연스러움처럼 끝나 버리는 경우가 모래알처럼 많은 인생여로(人生旅路)인지도 모른다. 어떤 면으론 부자연스런 만남이 자연스런 만남으로 헤어지고 또 만나져서 늘 자연스러움으로 이뤄지는 인간관계가 된다면 얼마나 좋을까! 처음 만나선 서먹서먹해도 두 번 세 번 만남의 횟수를 더할수록 자연스러움의 조화가 이루어지는 관계가 된다면 철따라 무르익는 계절의 지혜처럼 철든 사람, 철든 관계가 이뤄지지 않을까 소원이 넘친다. 아울러 인간의 부족함이 부자연스러움으로 이어진다 해도 자연스런 관계로 회복시킬 수 있도록 섬기는 인간이해를 갖고 산다면 이 얼마나 좋을까! 누군가 나를 종속시키려 억지를 써도 웃으며 받아 줄줄 아는 이해와 포용력 그리고 유연함을 잊지 않고 산다면 주님의 형상을 잊지 않고 사는 사람이 아닐까 좁쌀처럼 좁아진 마음에 북채로 얻어맞음처럼 도전이 된다.

그래서 종종 계절 감각을 가지고 계절의 어느 중간에 서있는지, 계절의 색상은 얼마나 올라와 있는지 둘러봄도 좋을 것 같다. 뭔가 회복을 위해서다. 관계의 회복, 자연스러움의 회복, 자기 자신의 회복... 그리고 하나님과 인간의 회복이다.

사실 자연이 인간에게 회복의 힌트를 갖다 주는 이유가 어디에 있을까? 자연이 인격이 있는 것처럼 사람에게 포근함과 조화의 지혜를 주는 이유가 무엇일까? 지혜를 만드신 인격이신 창조자 때문이 아닐까? 그래서 피조 된 자연이 인간에게 가장 인간적으로 대접할 줄 알고 하늘의 별처럼 많은 아이디어와 지혜 그리고 센스를 인간에게 선사하는 만심(滿心)을 주심이 아닐까?

시편 19편의 말씀을 보면 이런 말씀이 있다. "날은 날에게 말하고 밤은 밤에게 지식을 전하니 언어가 없고 들리는 소리도 없으나 그 소리가 온 땅에 통하고 그 말씀이 세계 끝까지 이르도다." 사실 하나님이 만드신 세상에 허락하신 소리를 센다면 억만 가지가 넘는 소리가 숨어 있지만, 사람이 살면서 듣는 소리는 만분지일도 못 듣는 것 같다. 사람을 만나도, 신문을 보아도, 매스컴의 뉴스를 들어도 새로운 소리는 없는 것 같다. 그 소리가 그 소리 같다고 하면 냉소적이라서 그럴까?

가을의 절정을 넘어서 끝자락으로 치달리는 이때에 계절을 느끼고, 만물의 색상에 도취되어 보기도 하며, 낙엽 하나하나에 물든 하나님의 색상의 붓칠에 경외를 느끼며 자연의 소리, 하늘의 소리를 들을 수 있는 경이적인 언어를 느끼는 자의 행복, 그 무엇으로 표현할 수 있을까!

복의 길

　오래전 새해가 되면 여성잡지 부록으로 토정비결이란 책이 덧 붙여서 나온 적이 있었다. 잘 모르지만, 모(某)년 모월 모일 모시 생 하면 그에 따른 한해 신수가 무엇인지 설명이 덧붙인 책으로 어렴풋한 기억이 든다. 그리곤 한해를 여기에 나온 길 따라 살아가려고 애쓴 흔적을 갖고 있던 뭇사람들의 경험이 있도록, 복에 대한 애착은 사람의 정서 깊숙이 자리 잡고 있었다. 사람의 마음속 깊숙이 자리 잡은 복에 대한 애착심, 본능처럼 꿈틀대다 보니 이런 것 저런 것을 믿고 의지하는 양태는 과거 우리의 정서였기도 했다. 물론 예수를 믿기 전의 모습들이지만 말이다. 그만큼 가정이나 사회가 불안했었고, 질병이나 사고 그 어떤 변수들이 심심치 않게 경험되었던 때이다 보니 무언가 의지해야만 했던 문화적 바탕색으로 채색된 셈이다. 물론 이런 정서들이 복음을 받아들이고 나서는 변화가 있었지만, 뿌리 깊은 바탕색을 지우기엔 한세대 두세대를 거친 변화에 대한 기대는 기독교에도 역사는 길어야 한다는 이유가 문화와 관련해서 수긍이 든다. 그만큼 복음과 사람들의 의식을 지배하는 정서와는 깊숙한 관련을 맺고 있기 때문이다. 이런 정서가 복음을 복음 자체로 받아들이기 보다는 기복적 의식위에 복음으로 덧칠한 형태의 신앙 행위를 한국교회가 경험해 온 터이기 때문이다.

그래서 "복 많이 받으세요!"라는 말처럼 새해엔 복이 한해를 지배하길 바라는 간절한 바람과 소원이 뭇사람의 애착이기도 하다. 물론 이런 바람이, 바람이 되어 원치 않던 일들을 많이 경험도 하지만 바람이, 바람이 되어도 바람보다 더 큰 축복이 깃들어 있음을 아는 자는 하나님의 말씀을 아는 자의 특권이다. 즉 사람이 원하는 복의 개념과 성경이 말하는 복의 개념은 많은 차이가 있다.

시편 1편을 보면 복 있는 사람에 대해 나온다. 복 있는 사람, 이런 사람은 그 의식이 첫째 악인의 꾀를 좇지 않는다고 한다. 대체로 사람들은 자신은 변하지 않고 좋은 환경을 만나고 경험하길 바란다. 그러나 생각의 변화가 없으면 아무리 좋은 것도 축복이 되지 못하는 경우는 얼마든지 있다. 반대로 생각의 변화가 있으면 아무리 나쁜 것도 축복이 될 수 있는 경우는 얼마든지 있음을 성경이나 수많은 간증을 통해서 듣는다. 물론 원해서 경험하는 사건들이 아니지만, 원하지 않았기에 하나님의 간섭이 계심을 믿고, 해석할 능력이 믿음 안에 있는 지혜인 것을 성경은 가르치고 있다. 그래서 악인의 꾀를 좇지 않는 지혜 자, 이는 복 있는 사람임에 틀림이 없다. 왜냐하면 생각은 행동을 지배하게 되어있기 때문이다.

역시 시편 1편에 복 있는 사람은 죄인의 길에 서있지 않다고 말한다. 죄인의 길로 가는 우매자의 모습, 생각이 온전하지 못하니 죄인의 길로 갈 수밖에 없는 자신을 어거하기란 쉽지 않다. 한두 번 잘못된 길이 생소한

죄의 길이 되었다가 자연스런 길이 되어 버린다. 그리 곤 인생길이 되는 경우는 얼마든지 있다. 그래서 죄인 의 길에 서지 않도록 늘 말씀에 비췸을 받아 살아가는 자 이런 자가 복 있는 자이다. 결국 죄인의 길은 오만 한 자의 자리가 되도록 그 인격이 삐뚤어져 있는 경우 는 누구라도 그렇게 될 수 있는 개연성을 가지고 산다. 그런 면에서 늘 말씀의 빛에 비췸을 받아 교정되고 반 성이 되도록 말씀을 붙들고 사는 자, 이런 자가 복 있 는 자이다. 특히 시편 1편 2절의 말씀을 보면 "오직 여 호와의 율법을 즐거워하여"라는 말씀이 있는데, 하나 님의 말씀이 즐겁다면 이는 행복한 사람임에 틀림없 다. 즐겁도록 성경 말씀이 읽혀지고, 그 가운데 예수 그리스도를 경험하는 사람, 이런 사람은 복의 길이 무 엇인지 아는 사람이다. 결국 말씀대로 시절을 좇아 과 실을 맺는다. 말씀의 공급이 시냇가에 심기운 나무처 럼, 늘 푸른 감람나무처럼 여호와께 심기운 사람의 삶 의 길은 아름다운 열매가 그 귀결로 보장되는 복된 길 일 수밖에 없다.

한해 앞에 놓인 미지의 길들 속에 숨어 있는 셀 수 없는 보화들을 말씀의 빛 가운데 캐내고 경험하는 지혜 자가 되도록 늘 여호와의 말씀으로 공급이 넘치는 복된 하나님의 시간이 되시기를 기원 드린다.

봄이 오는 소리

어느새 봄이 왔다. 누구라도 정신없이 살다보면 계
절의 맛도 잃어버린 채 한참 계절이 지난 후 계절의 맛
을 느낀다. 이미 봄이 왔음에도 간간히 불청객이 찾아
와서 꽃샘추위처럼 움츠리게 할 때면 계절의 맛을 당
장에 빼앗기곤 한다. 그래서 늘 계절이 왔음을 놓치고
사는 것 같다. 그럼에도 봄은 어김없이 찾아왔다. 그리
곤 즐거운 새들의 노래를 들어본다. 오랜만에 들어보
는 소리 같다. 늘 들렸어도 너무 한곳에 귀를 기울이다
보니 들어야 할 소릴 듣지 못하고 우매한 모습으로 살
아왔음을 새들이 노래로 깨우치는 것 같다.

하나님은 사람이 들어야 할 소리를 너무 많이 베풀
어 놓으셨지만, 그래서 사람이 들어야 할 소리가 하나
님의 창조세계에 너무도 많은데, 계절의 소릴 듣고 사

는 사람은 이 세상에 얼마나 될까? 허탄한 사람의 소리에 잡혀서 메아리처럼 듣고 들려도 계절의 소린 전혀 들어보지 못한 채 산다. 봄이 왔다고 새들의 즐거운 합창, 바람에 몸을 흔들며 봄의 리듬에 덩실대는 소나무들과 이름 모를 잔가지 사이로 새어나오는 바이올린 선율처럼 쉬익 거리는 소리는 봄의 교향악임이 틀림없다. 그런데 들리지 않았다. 그 소리가 그 소리 같은 이유가 한 가지 소리에 너무 집착해서 살아서 그런 것 같다.

누군가 "성공할 것 같습니다"라는 소리 한마디만 해도 그 소리에 취해서 살 것 같은 유치한 마음이 들 때가 있다. 아울러 누군가 "사랑 합니다"라는 소리에 생기가 돌 사람 역시 많을 것 같다. 그만큼 알아주질 않고, 인정받지 못하는 사람들의 허공을 걷는 발걸음을 향하여 주님은 계절의 변화를 통해 들어야 할 소릴 들으라 하신다. 그런데 사람들은 "사랑합니다! 좋아합니다! 멋있습니다! 당신이 있어서 살맛이 납니다!"라는 소리를 듣지 못해 늘 우울해 한다. 이 소릴 듣고 싶어

안달난 사람처럼 자기 자랑을 아무도 모르게 포장해서 사람들에게 은근히 호소를 해도 금세 알아차리곤 "인생은 그렇게 사는 것이 아니다!"라는 상징적 질책이 얼마나 많은지, 오히려 듣고 싶은 소리에 더욱 굶주려져 사막 같은 인간의 도시를 방황한다. 이런 인생의 고달픔을 모르지 않는 주님이시기에 마음이 공허한 자에게 아름다운 봄의 교향악을 들려주신다. 새들을 통해, 바람을 통해, 흔들리는 나뭇가지 사이의 현으로, 꿈틀거리는 지렁이의 힙합으로, 앞마당 달래들의 솟구침으로 봄의 교향악을 연주해 주신다. 이 모든 것이 공짜인데, 연기하듯 마음 없는 사람들의 목소리에 유독 귀를 기울인다. 그래서 봄이 오는 소릴 늘 외면하듯 사는 것 같다. 여기엔 귀가 계절하고 가장 먼 존재임을 발견해 본다. 눈으로 코로는 계절을 느낄 줄 알지만 이미 마음이 한곳으로 쏠린 자의 귀엔 계절의 소리가 들리질 않는다. 특히 봄이 오는 소리는 더욱 그런 것 같다. 아마 귀는 마음과 함께 들어야 들리는 것이 아닐까?

그래서 기도해 본다. 들을 귀를 달라고, 열린 마음이

되어 하나님이 베푸신 창조의 세계에 통하는 소릴 들을 수 있는 귀가 되어 달라고 기도해 본다. 반 귀머거리가 되어도 봄이 오는 소리는 놓치지 않게 해 달라는 기도를 드려본다. 더더욱 봄의 교향악에 참여하여 안드레아 보첼리(Andrea Bocelli)처럼 아름다운 목소리로 오케스트라의 한 귀퉁이에 서서 주를 찬미하도록 열린 귀를 달라고 기도드린다.

두 번의 잠

종종 더위로 밤잠을 설칠 때면 한밤중에 밖에 있는 의자에 앉아 흑백의 세계를 바라보듯 아무 생각 없이 쳐다보다 기도하는 시간이 얼마나 좋은지 알 수 없다. 땀도 식힐 겸 기도도 드릴 겸, 누구도 간섭함이 없는 고요함의 세계에 기도로 몰입하던지, 하나님의 인도하심의 오묘함을 묵상하던지, 나만의 세계는 너무도 감사하고 고마움을 주님께 드린다.

오래전 졸병이었을 때 보초를 서게 되면 가장 좋아했던 시간이 밤 한시에서 두시 사이였던 기억이 난다. 그래서 다른 병사가 잘 안서는 시간에 일부러 넣어 달라고 부탁한 뒤 취약한 시간에 보초 서는 것을 즐겼던 기억이 난다. 한두 시간 보초를 서고 내무반에 들어와 잠을 청하면 얼마나 달콤한 잠이었는지, 완전한 수면을 했다는 기억이 든다. 그런 의미로 하룻밤에 두 번 잠을 청하는 것도 괜찮다는 생각이 들었다. 잠의 중간에 일어나서 기도와 묵상으로, 그런 뒤 밀린 글쓰기나 독서를 하다보면 잠이 몰려와 잠에 빠져들어 버리는 것, 참 괜찮다는 생각이 들었다. 첫잠은 피곤의 잠이요, 두 번째 잠은 삶의 방향타를 잘 고정하고 하나님이 주신 길을 잘 가는지 교정하고 자는 잠이기도 하다.

사실 잠을 잘 잔다는 것은 오복 혹은 육복에 들어가도 될 만큼 큰 축복임에 틀림이 없다. 그만큼 잠을 잘 청하기가 어려운 삶의 무게로 짓눌림을 당해 잠이 어려운 사람은 한둘이 아닐 것이다. 그래서 불면증이란 병에 시달리는 사람들을 쉽게 발견한다. 그만큼 여호와께서 사랑하는 자에게 잠을 주신다는 시편의 말씀이 귓전에 맴돌 만큼 잠이 어려운 사람이 참으로 많은 것 같다. 내일의 불확실성에 어떻게 하루를 넘어가야 할지, 자녀나 밖에서 갖는 인간관계의 갈등이나 혹은 실수 많은 자화상이 부끄러워 잠이 잘 오지 않는 밤이 어디 하루 이틀이었을까? 그럼에도 주님은 "내일 염려

내일하라"하시는데, 지혜는 염려로 모든 것을 끌어안으며 아무것도 해결 못하는 사람이 아닌, 주께 의탁함의 증거처럼 깊은 잠으로 말끔한 하루를 시작하는 사람임에 틀림없다. 이런 사람일수록 진정한 의탁이 무엇인지 안다. 자신의 한계를 인정하고 주께 맡기는 삶, 사람이 할 수 없는 것이 너무 많음을 알고 기도라는 수표에 액수를 써놓고 사인을 하나님께 부탁한 사람만이 갖는 특권이 바로 성도의 잠이 아닐까 여겨본다.

사실 이민자의 삶을 살아가는 사람들에게서 "잠을 잘 잡니다"라는 소린 듣기 쉽지 않다. 그만큼 바쁘고 해야 할 일이 많기 때문이며 삶의 변수 역시 많은 것 사실이다. 그래서 그런지 설교시간에 조는 사람 어렵지 않게 발견한다. 그럼에도 목사의 설교가 자장가처럼 포근하게 들려졌다는 사실은 설교를 잘한 셈인지도 모른다. 신학자 캘빈이라면 놀랄 소리지만, 삶의 피곤에 쩌든 사람이 한둘이 아니기 때문에 오히려 교회당에 나와 예배드림이 목사의 입장에선 감사함이 솔직한 마음이다.

혹시라도 밤잠을 설쳐 말똥말똥한 눈으로 밤을 지새 운다면, 그 시간을 생산적인 시간으로 바꾸고 주님과 깊은 대화나, 인생의 방향타를 잘 교정하며, 내일을 위한 계획을 노트에 낙서하면서 기도로 의탁함은 어떨까? 잠 못 이루며 밤 문화에 익숙해지기 보다는 주님과의 사귐에 더없이 좋은 시간이 잠 못 이루는 밤이 아닐까? 이런 의미로 하루 두 번 잠자는 것도 괜찮음을 발견해 본다.

 An Essayistic Spiritual Journey of A Naive Stranger

에펠탑 효과(Effel Tower Effect)

자주 보면 정든다는 에펠탑 효과라는 심리학적 언어
가 있다. 에펠탑이 세워질 때, 파리 시민들은 철제 구
조물이 흉물이라며 철거를 원했지만 자주보다 보니 익
숙해지게 되어 결국 파리에 없으면 안 될 명물이 되었
다는 말이다. 그래서 나온 용어가 에펠탑 효과라는 말
이다. 사실 살면서 자주 보지 않으면 마음에서 멀어진
다는 말, 살면서 경험하는 일이기도 하고, 오래전 영어
배우면서 "Out of sight, out of mind"란 말도 더욱
가슴으로 와 닿는 말이다. 글쎄 나이가 들면 개념만 있
던 말이 가슴에 닿는 언어가 되는 것인지, 단어에서 언
어의 차이만큼 느낌이 달라지곤 한다.

어릴 적 외할머니 댁에 매일 갔었던 적이 있었다. 외
삼촌과 이모가 그렇게 싫어했는데 매일 갔었다. 학교

에 갔다 와서 외할머니 댁에 가면 반겨주는 사람 하나
도 없었지만 매일 갔었다. 그 이유가 반찬이 좋아서였
다. 외할머니 댁에 가면 고등어자반이 나오고, 김, 콩
자반, 볶은 멸치는 기본인 밥상이었다. 이런 밥상의 유
혹은 누군가의 눈치 정도는 너끈히 이기고도 남았다.
집에서 먹는 반찬이라곤 김치와 콩나물국이 전부였고,
풀떼기 혹은 수제비로 끼니를 하루 두 끼밖에 때울 수
없을 때, 어린 마음에도 외할머니 집은 가장 즐거운 곳
이기도 했다. 그러다 하루 안가면 오히려 왜 안 왔냐고
말씀 하신다. 외할머니는 물론 삼촌과 이모 역시 같은
반응이었다. 그래서 미운정도 정인가 싶은 마음이 늘
떠나지 않았었다. 미운 놈도 안보면 궁금해지고 생각
이 자꾸 나는 것 역시 에펠탑 효과가 아닐까 여겨본다.

교회에서 목사가 흔히 경험하는 일이 있다면 계속
나오던 성도가 안 나올 때 경험하는 무기력증에 빠지
는 현상이 있다. 즉 예배시간 5분이 지나도 안 오는 성
도 그래서 대표기도 시간에라도 와주길 바라는 간절한
마음이 앞서 기도에 집중하지 못하고 문소리에 귀를

쫑긋거리는 현상은 거의 모든 목사님의 심정이리라. 그렇게 와주길 바라는 마음으로 눈을 떠봐도 그 자리에 있어야 할 성도가 없을 때 오는 좌절감은 설교 내내 마음속을 맴도는 현상이기도 하다. 결국 설교가 허공을 치는 메아리가 되곤 했던 유약한 마음은 믿음이 어디로 갔는지, 갈등이 끊임없이 일어나는 현상도 경험해본다. 잘 보면 설교와 빈자리의 관계는 메시지와 공허와의 관계처럼 초월하기가 참으로 쉽지 않음을 경험해 본다. 그래서 노련한 목사님은 빈자리에 예수님을 모신다든지 아니면 무시하고 천연스럽게 설교하신다고 하는데 부족한 필자의 마음으론 예배가 끝나자마자 전화를 하게 되고, 반응이 "늦잠자서 못 갔습니다!" 하면 고마운 생각이 들기도 한다. "휴─ 시험에 빠진 것이 아니구나!"라는 기쁨의 안도감... 혹 그렇지 않고 통화가 되질 않으면 주일 내내 불안한 마음이 지배하는 것 대부분 목사님들의 심정이 아닐까 여겨본다. 역시 에펠탑 효과처럼 계속 보던 사람이 안보일 때 오는 불안한 현상을 넘어선 '양'(羊)에 대한 예수님의 마음을 조금은 경험함이 아닐까? 위로도 해본다.

어떤 의미론 저 사람은 없었으면 하는 마음이란 가짜 마음 같기도 하다. 왜냐하면 안보이면 대부분 사람의 마음엔 아쉬운 생각이 들기 때문이다. 그렇게 싫어하다가 안보이면 보고 싶어 하는 마음이 되고 궁금해지는 것은 사람이 갖는 인지상정(人之常情)이기도 하다. 오히려 시어머니처럼 굴었던 사람이 그리워지고 세월이 지나서도 만나고 싶어지는 것은 이미 마음속에 에펠탑이 세워졌기 때문이 아닐까 여겨본다. 그래서 에펠탑을 애써 부수기보다는 끊임없이 에펠탑을 바라 볼 수 있도록 기도하여 줌이 사람의 몫으로 남지 않을까 여겨본다. 아울러 신자의 몫으로 그리스도 예수가 에펠탑처럼 사람들의 마음속에 자리 매김이 되도록 사랑과 관용의 관계를 끊임없이 사람들 사이에 이어감이 아닐까 생각해본다.

가이사의 것, 하나님의 것

　사람으로 중용의 길을 걷는다는 것 웬만한 인생의
경륜과 지혜를 갖고선 그 길을 걷기란 간단치 않은 문
제이다. 특히 다른 문화권에서 살아가는 이민자의 입
장에선 중용의 도를 실천하기란 여간 어려운 문제가
아닌 것이다. 단일 문화 속에서도 힘든 도가 타 문화에
서 통하기란 불가능하다는 생각까지 든다. 그만큼 중
용이란 뜻을 알고, 깊이를 안다 해도 실천으로 가기까
진 우리가 아는 중용의 도가 보편적 진리가 되어야함
을 요구 받는다. 시대와 문화를 초월한 진리, 객관적
진리로서 모든 만인에게 통하는 길로 인식되어지기까
지는 문화라는 바탕색이 있을 때 가능하리라 본다. 그
러면서 중용이 복음처럼 타 문화권으로 유입이 된다고
하면 중용으로 생명력이 생기고 인생의 의미와 죽음을

초월한 가치를 만났다고 고백할 사람이 얼마나 있을까 질문을 해본다. 그래서 진리의 문제는 문화가 입증해 주기 이전 초문화적인 문제가 되지 않을까 여겨본다.

글쎄 기독교와 중용이란 어떤 차이가 있을까? 기독교에선 좌로나 우로나 치우치지 않음이 중용이 갖고 있는 의미와 똑 같다 하진 않더라도 그 이미지와 은유에선 이해가 안 가는 것은 아닌지만 그럼에도 엄청난 차이는 있다. 그리스도 밖의 중용과 그리스도안의 온전함의 차이는 일반은총과 특별은총 만큼 크다. 즉 중용으로 살려는 인간 본성의 의지는 그리스도 밖의 사람이라도 갖는 의지이기도하다. 그래서 세상은 질서가 있고 기본적 양식이 통함으로 사랑과 상식으로 사는 것이 옳은 것임을 모르지 않는다. 그런 면에서 사람은 윤리에 대한 선의식(생득적 지식)을 가지고 태어난다. 그리고는 중용이란 치우치지 않으려는 의지를 갖고서 살아가려 하지만 언제나 신기루 같은 존재로 서있기 마련이다. 이런 한계에 대한 인식과 이런 한계를 넘어서는 능력은 그리스도 안에서만 가능하다. 역시 죄 문제이다. 죄로 말미암은 인간의 한계와 인간이 넘을 수 없는 윤리의 한계를 그리스도 안에서 인식하고 하나님을 의지하게 된다. 그렇지 않으면 인간이 걸어가야 할 도(道)라는 원리는 늘 인간에게 짐과 계율로 올무를 지우기 마련인 것이다.

역시 횡설수설로 생각해 보는 신학산책이 되었는지 모르겠다. 쉽게 대화를 나눌 수 있는 담론(談論)이길 원했지만 신자가 갖는 갈등엔 삶의 문제와 더불어 신학적 문제로 고민할 줄 아는 모습 역시 성화(Sanctification)의 길이 아닐까 도전된다.

성경에서 보면 예수님을 유대의 종교법과 로마의 법망이란 올무에 걸리게 하려는 상책으로 여러 함정을 가지고 접근하는 사람들을 종종 본다. 복음서를 잘 보면 예수님의 사역의 중심엔 바리새인, 서기관이란 종교적인 사람들이 예수를 그들의 잣대로 걸고넘어지게 하려는 의도를 보게 된다. 좋은 예가 요한복음 8장의 간음한 여인을 예수께 데려와서 예수를 올무에 걸리게 하려는 의도를 볼 수 있다. 그럼에도 주님은 단 한마디, "죄 없는 자가 먼저 돌로 치라!"는 말씀으로 이 문제를 간단히 해결하신다. 정죄를 전제로 한 사랑과 모세의 율법의 올무에서 죄라는 지혜의 길로 문제를 풀어내신다.

아울러, 마태복음 22장과 누가복음 20장에서 보면 예수로 로마법에 걸려 넘어가도록 손안대고 코를 푸는 방법처럼 예수를 함정으로 빠뜨리려는 의도를 읽어볼 수 있다. 그래서 예수님을 올무에 걸리도록 먼저 칭찬한다. 그리고는 질문을 던진다. 혹시라도 예수님이 우쭐해서 말의 올무에 걸릴까 의도를 갖고 주제 넘는 칭찬을 하고 질문한다. "가이사에게 세를 바치는 것이 가하나이까 불가하니이까?" 이 질문에 이들을 경책하시고 누구라도 상상할 수 없는 지혜로 답을 내신다. 결국 자신들이 판 함정에 빠진 꼴이 되어 돌아가는데, 주님의 답은 간단했다. "그런즉 가이사의 것은 가이사에게 하나님의 것은 하나님께 바치라"라고 답하신다. 이런 답은 역시 천상의 답이다. 간단하고 단순하지만, 여기서 솟구치는 생명의 샘은 얼마나 충만한지 필설로 표

현하기가 어렵다. 그래서 성경안의 말씀엔 은유와 상
징 그리고 비유로 설명되어 질 수밖에 없다는 것을 이
해하게 된다. 주님의 지혜를 통해 온전함, 좌로나 우로
나 치우치지 않음, 아울러 믿음 안에 있는 중용을 알고
말하고 실천하며 산다면 걸인이 되어 살아도 날마다
잔치할 것 같지 않을까?

명품 인생

얼마 전 필자의 이 메일에 어느 선교회가 보낸 사진
이 있었다. 제 3세계가 물 때문에 얼마나 고생이 많은
지, 풍요로운 미국에선 도저히 상상이 안가는 현상을
평범한 일상으로 경험하는 사람들의 모습을 담은 사진
이었다. 아프리카의 수단과 케냐에서 찍은 사진인데 옆
에선 소들이 똥오줌을 싸는 곳에서 물을 통에 담는 모
습들이었다. 이런 물은 그저 흙탕물을 넘어선 똥물인데
이것도 모자라서 그냥 마셔 버린다. 이런 물들을 학교
에 갖다 놓아 주면 역시 아이들은 그냥 마셔 버리고 만
다. 이미 "물이란 개념이 투명하고 맑은 물이다"라는
관념이 없어진 것처럼 마셔 버리는 행위에 문화적 충격
을 넘어선다. 또 이런 사진을 보았다. 캄보디아의 시골
어느 마을로 가니 우기 때 받아 놓은 빗물을 건기가 되

면 계속 써야 하는데 더운 날씨에 금방 물은 썩고 그 안엔 우굴 거리는 벌레들이 살지만 그 물을 마신다. 이런 사진을 혼자 보기가 아까워서 아들 녀석들에게 보여 주었다. 역시 충격적이었는지 "어휴―"라는 반응이었다. 참으로 이곳에선 깨끗한 수돗물도 정수기를 달아서 먹는데 그곳 제 3세계에서 일어나는 물 때문에 겪는 수고와 전쟁을 평상시 어떻게 상상이라도 하겠는가!

초등학교 다닐 때 동네에서 물 때문에 늘 싸우던 기억이 있다. 수도가 없으니 우물가에 사는 것이 축복처럼 여겼던 때, 쌍 우물 동네에서 우물을 옆에 두고 산 적이 있었는데 날마다 싸우는 소릴 들을 수 있었다. 달동네 사람들이 사용하는 우물에 누군가 빨래를 이고 와서, 똥 기저귀를 빨면 이 아주머니는 늘 핀잔의 대상이 되곤 했다. 그 시절 어디 기저귀가 '하기스'처럼 일회용은 상상도 못할 시절이니 우물가의 똥 기저귀는 늘 사람들의 눈초리와 싫은 소릴 들을 각오를 하면서 무던히 빨았던 가난한 여인들의 일상은 나라를 강성대국으로 만든 원동력임에 틀림이 없다. 항상 그렇듯이 우물 하나에 온 동네가 써야하는 형국은 호랑이 아줌마가 있는 법이다. 마치 우물가의 군기반장처럼 이 사람의 목소리에 움칠거리며 질서가 잡히기 마련이다. 더러는 우물가에서 머리를 감는 사람을 종종 만나게 된다. 그러면 머리를 감고 있는 사람을 향해 땟물이 우물에 안 빠지도록 우물가에서 머리감지 말라는 거렁거렁한 호랑이 아줌마의 잔소리를 피할 길이 없다. 역시 딴 동네 사람이 물 초롱 지게로 물 길러 오면 저 사람은 이동네 사람이 아니라고 쫓아 보냈던 때의 물은 생활의 필수품을 넘어선 생존처럼 여겼던 때가 있었다. 그래서 우물가 옆에 살았던 필자의 어린 시절은 아낙네들의 가십(Gossip)의 장소라기보다는 싸움이 더 인상 깊게 남아 있다. 그만큼 물은 생명처럼 귀했고, 싸움을 해야 얻어지는 고귀한 것이었다. 그런데 지금은 생활에 기초적 필요는 물론이고 문화적 필요가 채워지지 않으면 못살 것 같은 울상을 짓고 사는 모습을 참 많이 보고 스스로 경험도 해본다. 그래서 많은 사람들이 백화점이나 명품점을 기웃거리는 것 같다. 남들의 수준에 맞추어 살고, 유행에 뒤지지 않으려는 애씀이 늘 삶의 갈등 요인으로 더 나아가 인생의 목적이 되어 버린 사람들로 가득해진 세상같아 보인다. 이런 목적을 지불하기 위한 노동과 땀의 대가가 너무 허망한 것처럼 여겨 보이지만 눈 돌릴 여유 없이 허탄한 가치에 휘돌림을 당하며 살아간다.

이런 질문을 스스로 또는 오늘을 살아가는 크리스천들에게 해본다. 명품의 가치도 희귀하고 값비싼 그림도 귀할 수 있다. 그 안에 담긴 생명력과 가치를 안다면 말이다. 그런데 이런 명품을 소유하고 네임 벨류(Name Value)가 높은 옷을 입음이 자신의 가치를 높인다는 착각이 든다면 문제임이 틀림이 없다. 오히려 이런데 쓰는 물질을 아끼고, 굿윌(Good Will)이나 쓰리프리 스토어(Thrifty Store)에서 괜찮은 옷을 값싸게 사서 입고, 남은 돈으로 소자에게 물 한 그릇이라도 대접 할 마음을 갖고 산다면 명품인생이 되는 것이 아닐까? 부끄럽지만 스스로 물어보고 질문을 드려본다. "어떻게 하면 소자에게 물 한 그릇을 대접할 수 있을까?"

An Essayistic Spiritual Journey of A Naive Stranger

원룸 스타일의 삶

커밍(Cumming, GA)의 어느 딜러십에 와서 발견해 보는 패널 보드에 타임의 표지판, 즉 이 딜러십이 2002년도에 미국에서 가장 우수한 서비스를 제공해 주었다고 하는 포스터 같은 패널을 보게 되었다. 어떻게 이 딜러십이 가장 우수한 서비스점이 되었는지, 고객이 앉아서 서비스를 기다리는 동안, 배치된 좌석이나 공간의 크기 등은 전혀 포스터의 명성과 같지는 않았다. 좁은 공간에 오래된 텔레비전 하나 공중에 달고 선풍기를 구석에 배치해 놓고, 자판기가 차지하는 공간의 크기가 고객을 위해 배치된 공간보다 넓다는 생각이 들만큼 공간은 협소하고 시끄러웠다. 여덟 사람 정도 꾸겨 앉을 수 있는 의자에 탁자하나, 그리고 커다란 자판기 두 대의 소음소리에 전혀 관심을 둘 수 없는 텔레비전

광고의 잡음들로 가득한 복잡한 공간이었다. 그럼에도 이 딜러의 대표 사진이 타임지 표지에 나왔다는 사실을 어떻게 설명해야 할지, 물론 고객 서비스의 최우선은 차 고치는 기술인지도 모르겠지만 말이다. 기술로 승부하는 딜러십인지 아니면 차를 파는 친절과 테크닉에서 오는 점수인지 모르겠지만, 타임에 선정될 만큼 고객 서비스에 만점이었다는 사실에 조금은 의아해 하였다. 그래서 필자는 자꾸 딜러십 대표의 얼굴이 있는 패널에 눈길을 떼지 못하겠다. 정말인지 궁금해서였다. 진짜인지 가짜인지.... 그저 필자가 갖는 무지의 소치이겠거니 여겨 버리고 생각의 에너지를 다른 데로 돌리자는 심사로 치부해 버리려 했지만, 사실 세상엔 이런 일들이 얼마나 많이 일어나는지 알 수 없다. 어떻게 저런 사람이 성공할 수 있었는지, 저런 사람이 인정을 받았다고 하는지, 직접 만나서 보고 경험해 보면 실망이 앞서는 사람들이 은근히 많다. 결국 유명세와 가까이 보는 삶은 다를 수밖에 없다는 사실, 경험하기란 어렵지 않다.

이런 생각이 든다. 세상이 바라보는 교회 혹은 신자에 대한 기대치와는 달리 우리는 살고 있지는 않을까 경계해 본다. 즉 누군가의 기대를 잃어버리게 할 만큼 성도란 정체성은 점점 더 희석이 되어져 가는 것 같다. 그래서 교회 다니는 사람과 다니지 않는 사람에 대한 차이만 있을 뿐 그 이상의 기대를 잃게 만드는 장본인은 아닌지, 이에 대한 부담과 경계를 놓아선 안 될 것 같다. 결국 신자가 보는 세상이 아니라 불신자가 보는 교회나 신자에 대한 시각이 어느 때보다도 많이 요구되는 시대에 서 있지 않을까?

살면서 늘 느끼는 것은 직접 만나서 경험해 보지 않고는 알 수 없는 사람의 속, 서로 그 속이 드러나지 않으려는 회피와 세련됨만으로 치장하려는 사람들의 원룸 스타일의 삶, 혹은 오피스텔 스타일의 현대인들, 대신 멀리서 아주 멀리서 자신의 이미지를 원격 조정하려는 인간기술, 혹은 관계 기술자로 가득차 가는 세상에 사람들은 점점 고독해 간다. 결국 얼마가지 않아서 우리라는 단어조차도 없어질지도 모른다. 우리가 무엇을 의미하는지, 경험으론 알지 못하고 개념으로만 아는 세상이 오지 않을까? 또 하나의 걱정이 부담으로 와 진다. 말하자면 우리라는 부담에서 자유로워지려는 사람들의 홍수 속에 인간 기갈이 왜 있는지 알 수 없는 사람들의 방황을 가깝고도 어렵지 않게 경험하는 시대가 올 것 같다.

그래서 우리라는 단어가 무색해 지지 않도록, 세상이 바라보는 신자의 삶에 대한 기대치에 걸맞은 최소한의 삶을 살아낼 줄 안다면, 자기 피알(PR)로 가득한 세상에 기대라는 오아시스를 맞보게 하지 않지 않을까?

바닷물에 배추를 절인다면 얼마나 좋을까!

집사람과 자녀들 그리고 교회 아이들과 더불어 1박 2일로 바닷가에 갔다 왔다. 그런데 몇 년 전부터 바다에 가면 집사람이 여러 번 하는 말이 있다. 즉 "이 바닷물로 배추를 절인다면 얼마나 좋을까!"라는 말이었다. 바다에 와서 신선한 바닷바람을 쐬고, 마음속 찌꺼기를 날려 보내고 싶은 마음이 간절한데 이렇게 안 어울리는 말을 할까라는 투정이 나오는 것이 아니라 수긍하게 되고 대답 역시 "그러게 말이야!"로 응수하게 되었다. 이렇게 많고 많은 바닷물로 김치 절이고, 이 바닷물로 간수해서 두부도 만들고, 생활에 필요한 것들을 위해 얼마든지 이용할 생각이 드는 것은 함께 한 인생 속에서 얻은 공감들의 축적이 이렇듯 별것 아닌 말에 수긍을 넘어선 절대 긍정처럼 반응했다는 것이다.

그만큼 이런 저런 대화의 공감이 있도록 수없이 많이 함께한 공유 공간이 있었기에 가능했다는 것이다. 그래서 부부는 일심동체라는 말, 머리로 이해되던 말이 가슴으로 오기까진 과장을 보태서 거의 20년이 흐른 셈이 아닌가 싶다.

결혼 전 남녀가 데이트하면서 "바닷물로 절인 배추가 맛있다"고 한다면 둘 중에 하나는 그날로 만나고 싶은 생각이 들지 않았을 것이다. 서로를 모르는 만남 속엔 모든 것을 다 감추고 애써 쓰는 말에 세련됨으로 치장해서 대화를 시도하려는 모습, 그 속엔 분명 가식이 있었음에도 이런 가식이 잘 보이지 않았다. 성숙치 못한 속을 보이지 않으려고, 시 한 구절 외우고와서 써먹고 감동을 먹이고 돌아서선, 다시 만날 기약의 끈을 가지고 돌아오는 만남 속엔 분명 진솔한 대화는 없었던 것 같았다. 그렇듯 대화 속에 내 이야기 보다는 남의 이야기를 많이 끌어와서 연기하듯 매력 있는 모습의 잔상만 남기려고 애썼던 촌스러움도 모른 채 시작했던 두 인간이 하나 된 인생을 살아가기에는 수없이 많은 날 싸우기도 많이 했었다. 왜냐하면 공유공간을 함께 하기 위해서였다. 이런 공유공간이 많아질수록 공유하는 생각도 많아지고, 삶의 스타일과 문화 그리고 생각의 공감도 점점 많아지게 되었다. 결국 시나리오도 없이 연기할 필요도 없이 자연스럽게 살아가게 됨이 부부가 아닐까 여겨본다. 그래서 "바닷물에 배추를 절였으면 얼마나 좋을까!"라는 말에 수긍과 공감이 통하고도 남는 부부의 유대감, 이런 것이 진정한 대화가 아닐까 생각해 본다.

이런 유의 대화는 부부라면 얼마든지 갖는다. 둘이 차타고 가다가 누군가 버린 의자나 냉장고를 보면 줍고 싶은 마음이 어느 한쪽만의 마음은 아니다. 애써 남편이 그만 지나치자고 말할 뿐 속내는 가져가고 싶을 때가 참으로 많다. 이렇듯 남이 볼 때 구질구질한 것들이 부부 대화의 주제가 될 때가 얼마나 많은지 모른다. 그래서 부부가 한 공간에 있게 되면 촌스러워진다. 아무것도 아닌 것으로 다투게 될 때가 차안이라는 좁은 공간에서 이뤄질 때가 얼마나 많은지, 자녀들은 웃어

버리지만 이런 저런 자존심 싸움에서 부부는 하나가 되어간다. 그리고는 바닷물이라도 5갤런 통에 가져오고 싶은 마음과 행동이 부부에겐 일심동체의 열매가 아닐까 여겨본다.

그런데 한 가지 유념해야 할 경우가 있다. 즉 성경에 언급된 아나니아와 삽비라의 경우처럼 부부 사이에 하나님이 안계시다면 모든 유익에 맹목적이 되곤 하는데 그리스도 안에서 하나 된 부부의 정과 공유공간은 하나님의 성품을 닮아 하나님의 나라를 위함이 아닐까라는 한줄기 빛, 잊어선 안 될 것 같다.

독도는 우리 땅!

어떻게 보면 독도가 우리 땅이란 말처럼 애매하면서
도 아둔한 말도 없는 것 같다. 당연히 우리 땅이기 때
문이다. 내 집인데 내 것이라 자꾸 말하면 오히려 이상
한 것처럼 당연한 것을 강조함이 강한 부정을 포함하
기 때문이다. 사실 일본은 이것을 노렸다. 흥분하게 만
들고 비이성적으로 거품 무는 행위를 즐기는지도 모른
다. 왜냐하면 그들은 한국을 그 나름대로 잘 알기 때문
이다. 한국인의 기질을 잘 아는지, 억지를 부리는 것인
지, 한국을 아시아의 남미, 즉 아시안 라티노(Latino)로
치부해 버리는 교만스런 사고로 불을 지르기 쉽다고
생각하는가보다. 그래서 가만히 있는 사람들에게 잘도
딴죽을 건다. 돌게 만드는 것을 즐기는 사람들처럼 형
국이 돌아간다. 여기서 유연하고 냉철하게 접근해 감

이 한국 사람이 갖는 선비 정신이 아닐까 생각해 본다.

일본은 진흙탕 속으로 들어가게 만드는 전략을 가지고 있다. 아무리 옳아도 진흙탕에서 울며불며 외쳐 될 때, 밖에서 보는 사람의 입장에선 둘 다 똑같다고 말한다. 그러기에 학술적 안목으로 조목조목 반박하며 양심 있는 일본의 학자들의 입을 통해서 사실이 아님을 그들 스스로 밝히도록 함이 지성인의 역할이 아닐까?

바로 엊그제 신문에 독도가 필요했던 일본의 입장이 있었다. 러일전쟁이었다고 그들은 말했다. 러시아의 동해 활동으로 일본에게 상대적 유리함을 막기 위해서 독도가 필요했었다. 그리고는 일제 강점기에도 독도는 한국 땅으로 여기다가 광물과 어자원이 풍부한 독도에 대한 욕심을 버리지 못해서 차세대에 그 숙제를 넘기려한다. 교과서에 역사적 사실을 왜곡해서라도 차세대에 그 분쟁을 더욱 가속화시키려는 수전 노인들의 행패를 보이고도 부끄러움을 모르는 사람들 같다.

독도가 한국 땅이라고 주장하는 일본인 목사가 있다. 일본의 '기독교 개혁파 교회' 간사장인 우루시자키

히데유키(漆崎英之.50. 일본 카나자와 교회 담임) 목사이다. 이분은 독도는 일본 땅이 아님이 명백하다고 인간의 양심을 넘어선 신앙양심을 걸고 천명했었다. 이분이 가지고 있는 문건은 '태정유전'이란 문건이었다. 즉 일본 정부의 공문서를 모아 만든 책인데 독도는 일본과 아무 관계가 없다고 기술되어 있는 문서였다. 이처럼 많은 공문서나 사료에서 독도는 한국의 땅임을 천명하고 있음에도, 대명천지에 사실을 호도하는 호전적 기질이 문제가 아닐까 싶다.

어떤 면으론 일본인의 정신 속에 내재된 것이 있다면 사무라이정신이 아닐까 여겨본다. 요 근자에 번역되 나온 책 가운데 〈대공의 사무라이〉라는 책이 있다. 한 일본인 전투조종사의 공중전 수기였다. 명령이라면 목숨을 파리 목숨처럼 천황과 일본조국을 위해서 사꾸라 꽃처럼 생명을 버리는 호전적 기질을 잘 그려낸 책이기도 하다. 물론 그 나름 인간의 갈등을 보여주곤 있지만, 국가의 일은 옳던 그르던 맹목이 되어버리는 일본식 전통, 기질, 그리고 장인정신 등은 분별해야 하겠다. 이런 맹목성에 대부분 일본인은 침묵하고 있는지도 모른다. 아울러 그 핏속에 흐르는 은근한 호전성, 여기저기 갈등을 빚어내고, 같이 진흙탕 속에서 득을 찾으려는 전략인지, 와세다 대학교에서 석 박사를 마친 오래전 필자의 지도교수님이 이런 말씀을 한 적이 있다. 일본 사람은 "약자에겐 한없이 강하고, 강자에겐 한없이 비유를 맞추는 민족이다"라는 말을 기억해 본다.

오일가격이 올라가고 조국의 현실이 안타까운 이때에 역시 신자와 교회의 역할, 아침에 눈을 뜨면 기도가 요구되는 때이기도 하다. 어렵고 약할 때 도와야할 이웃이 그 근성을 드러냈을 때 이들에 대한 그리스도의 사랑, 선교적 사명과 조국에 대한 기도가 더없이 필요할 때가 아닐까 마음이 무거워진다.

현역과 방위

꽤 오래전 방위병들의 모습에서 느꼈던 것은 열등의식과 죄책감을 뒤집어 쓴 것처럼 당당치 못한 눈초리들을 느끼곤 했었다. 멀쩡한 젊은이들을 방위병 옷 즉 노란 완장과 개구리 복을 입혀놓고 사회적으로 몰매를 치듯이 이들에 대한 정죄의식은 참 많았던 것 같았다. 오죽 못났으면 현역으로 못 간다든지, 뭔가 모자라서 아니면 부모가 백을 써서 현역 가길 회피했다든지 하는 사회적 정서로 방위병 옷을 입은 젊은이들의 눈초리들은 어디에다 눈길을 둘지 모른 채, 정신적 피해를 옴팍 뒤집어 쓴 형국으로 18개월, 혹은 6개월의 국방의 의무를 했었다.

화곡동인가, 징집대상자들이 신체검사 받는 곳에 가서는 속으로 시간 벌 생각에 '병'종 판정 받고서 방위로 국방의 의무를 다하고 대학에 복학하면 좋겠다는 생각을 해 보았는데, 내 생각과 하나님의 생각이 달랐다. 즉 '을'종 판정을 받고선 현역 입대하는 실망감이 감돌았지만, 훈련소에서 2개월 훈련이 끝나고 자대 배치 받으니 방위병들이 참 많이 부러웠던 적이 있었다. 왜냐하면 이들은 출근과 퇴근 시간이 엄격하게 지켜졌기 때문이다. 8시 출근에 5시 퇴근은 이들에겐 칼 같았다. 그래서 부러움 반 미움 반이 이들에게 은근히 있었던 기억이 있다. 누군 33개월을 국방의 의무를 다하고, 누군 18개월로 혹은 6개월로 국방의 의무를 때우는 것이 불공평하다고 느꼈는데, 퇴근도 정확히 하는 이들이 싫었었다. 말하자면 정확히 4시 30분이면 퇴근시켜 달라는 시위처럼, 주전자에 물을 담아 와서 행정반에 뿌리고 청소하는 모습이 속보여서 싫었지만 트집 잡을 명분이 없었다.

강진 출신 고참병은 이들이 가져오는 행정서류를 볼 때마다 무슨 문제가 있는지 늘 볼 따귀에 불꽃이 튀도록 두들겨 패는 모습을 자주 보았다. 그래서 지역중대에서 들어오는 신참 방위병들은 죽을 맛으로 부대 안으로 들어오곤 했었다. 가만히 보니 두들겨 패는 이유가 뻥땅이었음을 한참 후에야 알았는데, 매일 귀볼 따귀 때리는 소릴 행정반에서 보고 듣고 있노라면 여기서 예외인 중대 방위병에겐 '짜웅'이 통했으니 볼 따귀 안 맞는 것이 엄청난 특혜였었다. 특혜도 별난 특혜가 있었던 시절이었다.

방위병들이 퇴근하는 5시 이후, 현역들의 왕국엔 긴장이 시작된다. 고참병이 왕으로 군림하고, 이들의 한마디에 PX 뒤, 화장실 뒤, 행정반 뒤나, CP로 뛰어다니며 집합이라는 가장 싫은 소릴 듣던 때, 하나님께 원망도 많이 했었는데 아련한 추억이 되어서 감사의 여유가 생기는 것은 제복시절의 젊음이 그립다는 생각이 문득 문득 날 때가 있기 때문이다. 그만큼 건강이 화두가 되어 버린 현상은 나이 듦에 따라 어쩔 수 없는 일이기도 하지만, 남자라면 늘 청춘의 마음으로 큰 소리쳐 보고 싶은 욕망이 꿈틀됨을 부인하지 못하는 심사이기도 하다. 즉 평생을 현역처럼, 절도와 총기 있는 눈매로 책임지며 당당히 살고 싶은 욕심이 사라지지 않는 마음이 수없는 남자들의 가슴속이리라.

　사실 인생이 방위병처럼 일정기간만 와서 근무하고 퇴근과 함께 때가 되서 해제된다면 얼마나 좋을까? 그런데 누구라도 현역처럼 달리고 뛰어야 겨우 자리를 펼 여유가 생기지 않는가? 어떤 면으론 20대 초반의 현역이 아니라 50대의 삶이 더욱 현역 같다. 인생의 현역 말이다. 고개 숙인 남자로 이리저리 치여 찌그러진 삶의 군상으로 바람 빠진 바퀴로 달려야 하는 인생 같은데, 이때 진정한 현역으로 살라고 할 때 그 버거움은 말할 수 없다. 그럼에도 현역처럼, 생명력 넘친 내성으로 살아가고픈 남성들이 얼마나 많은지, 40대 중반에서 50대를 살아가는, 혹 60대를 살아가는 남성의 자화상들이 아닐까 여겨본다. 그래서 이런 성경 말씀이 기억난다.

　"깨어 믿음에 굳게 서서 남자답게 강건하라!"

　(고린도전서 16:13).

아버지의 자화상

얼마 전 딸아이를 대학까지 데려다 준적이 있었다. 아침 8시 30분에 수업이 있다고 하기에 그 시간 전에 도착시키려면 학교 버스를 6시 30분에 타야만 했었다. 그런데 딸아이가 꾸물대는 바람에 늦게 집에서 출발하게 되었다. 차안에서 "그렇게 사회 생활하면 안 된다"고 핀잔을 주면서 부랴부랴 달렸다. 고속도로로 톨게이트로 해서 대학까지 겨우 갔었다. 빨리 차에서 딸을 내려놓고는 애써 뛰어가는 뒷모습을 보았다. 그리곤 안쓰러운 마음이 들었지만 여기까지가 부모의 한계라는 생각을 가지고 집으로 다시 돌아오는데 혹시나 버스를 놓쳤을까봐 다시 차를 돌려서 내려준 곳에 다시 갔었다. 갔어도 보이질 않고, 혹시 도서관에 있을까 해서 30분은 도서관 안을 찾아보았다. 혹시 차를 못 탔으면 직접 학교까지 데리고 갈 요양으로 찾았으나 찾질 못하고 집으로 돌아오면서 걱정이 끊이지 않았던 적이 있었다. 그러면서 부모의 마음은 다 이런가 생각을 하게 되었다. 어느새 부모가 되어서 틴에이저로 자라나는 아이들과 전쟁을 치루지만 이길 수 없는 부모의 마음이 되어 종종 분을 삭이는 모습으로 살아간다.

오늘은 문득 아침을 아내와 먹다가 가친(家親) 생각이 나서 이런 저런 대화를 나누게 되었다. 그래서 아버지의 삶과 아버지가 된 자식의 삶을 비교해 보았다. 사실 이런 비교를 종종해보지만 아내에게 처음 내뱉은 말은 내 자신이 도저히 아버지의 깨끗하고 성실한 삶을 닮을 수 없다고 고백 같은 말을 하게 되었다. 두 번의 전쟁을 치루고 먹는 문제를 해결하기 위해 가족의 생존에 목숨 걸듯 살아오신 인생의 족적이 만든 나라의 부강함을 잘도 따먹는 후손들의 뻔뻔스러움들, 그러나 이런 자신의 모습을 발견할 수 없는 자만심으로 가득한 세상의 한중간에 서있는 필자의 모습은 웰빙에 쩌들은 모습이 아닐까 생각해 보게 되었다. 그만큼 아버지의 세대는 위대한 세대를 사셨음에도 그 빛을 인정하지 않은 차세대들의 이기심들, 그런데 차츰 철이 들어감을 느끼면서 위대한 삶을 살아 오셨음을 고백치 않을 수 없게 된다. 왜냐하면 자식 때문에 속 썩는 마음이 아버지의 자화상을 보게 만들고 느껴보기 때문이다. 그래서 "아버지!"라고 부르면 눈물이 가득 고이게 된다.

미천한 필자의 생각에도 아버지의 세대를 살아오신 분들을 향해 성자의 세대라고 말하고 싶을 만큼 그 시대의 아버지와 지금의 아버지는 뭔가 다르다는 생각을 해본다. 지금의 기성세대가 받은 사랑과 이 기성세대가 자식들에게 주는 사랑의 차이가 무엇일까? 질문을 해본다면, 받은 사랑은 희생과 속울음이 있었다. 말없이 속으로 눈물을 흘리면서 자식에게 주었던 사랑은 사랑이라 표현하지 않았지만 이것이 사랑의 본질이 아닐까 여겨볼 만큼 후세대가 흉내 내기가 어려운 사랑이었다. 지금의 세대가 주는 사랑은 앙탈을 메우기 위한 미봉책의 사랑, 남들처럼 뒤지지 않으려는 체면의 사랑을 자식들에게 먹이고 있진 않을까? 그래서 겉만 화려한 사랑을 먹이고 채우고 부모노릇 다했다는 소릴 듣고 싶은 사랑만큼만 주고 마는 곳까지의 사랑, 그래서 반성도 해본다. 물론 부모의 사랑이야 다 주고도 더 못주어서 미안한 마음이 자식에게 늘 있는 것이 인지 상정이라 하지만 내리 사랑의 깊이도 시대에 따라 퇴색되어지는 것이 아닐까 스스로 경계가 된다.

이런 말이 있는데, 아버지가 가장 꺼림칙하게 생각하는 속담이 있다고 한다. 즉 "가장 좋은 교훈은 손수 모범을 보이는 것이다"라는 속담이다. 늘 입으론 모범을 말하지만 모범을 보일 수 없어 미안함이 있는 콤플렉스를 가지고 있다는 것이다. 그래서 아버지는 말이 없어지는 것이 아닐까? 늘 자식에게 미안함이 가득한 마음, 뒷방신세가 되어도 자식이 잘되어 준다면 아랑곳하지 않는 아버지의 자화상이 그리워진다.

시국과 신자의 기도

요사이 한국 소식이 있는 신문을 읽어보면 다시 1980년대로 되돌아간 느낌을 받는다. 왜냐하면 1980년대 역시 데모로 얼룩진 10년이기 때문이다. 이념과 사상의 다름에서 오는 갈등이 혹시라도 학원가에 불이 번지듯 번지지 않기를 바라는 마음 간절해지는 것은 고국을 멀리 떠나 있지만 조국이 잘되길 바라는 마음이 간절하기 때문이다. 그렇지 않아도 오일 가격이 끼치는 경제적 어려움을 극복하고 인적자원 밖에 없는 한국이 어려움 없이 세계에서 더욱 큰 역량을 발휘하길 바라는 마음 그지없기 때문이다. 그래서 요사이는 더욱 기도가 된다. 아마 이런 마음이야 조국을 떠난 모든 이민자의 마음이리라 믿는다.

1980년대 학원가를 회상해 보면, 그 시절 대학에서

흔히 볼 수 있었던 것이 있었는데 이것이 대자보(大字報) 였다. 대자보가 나붙으면 무슨 내용이 있는지 오가는 학생들이 읽어보곤 했다. 그런데 대자보의 글은 대학생이 쓴 글이 아니고 경제 종속이론 등을 잘 아는 사람들의 글들이었는데, 어디서 들어왔는지 모르지만, 학원가 대자보의 주축을 이루었던 기억이 난다. 물론 이런저런 좌파 이론가들이 지난 10년간 한국 사회 속으로 커밍아웃(Coming out)했지만, 이렇듯 학원가에 대자보가 붙고 매일 데모하는 가운데 흔히 말하는 언더서클(Under Circle)의 활동은 많이 활발했었다. 겉으론 한국문학회, 탈춤반 등 문화라는 이름을 표방하고 있지만 그 내용은 정치적이었던 서클로 기억이 된다. 학교 전체에서 이들이 차지하는 비중은 1%, 데모하는 학생들이야 5%정도밖에 되질 않았어도 이들의 영향력은 얼마나 큰지 학교 전체가 몸살을 앓곤 했던 기억이 있다. 아무튼 정치를 싫어했던 아주 평범한 대학생인 필자의 마음속에 민주를 외치는 사람들의 행동이 참 민주적이지 못하다는 불만이 은근히 내재해 있었던 기억이 든다. 툭하면 총장

실을 점거하고, 보도 불럭을 깨서 던지고, 학교 기물 파괴를 쉽게 하고, 학원의 정서를 투쟁의 장으로 변질시키는 광란어린 행동들을 보면서 속으론 "왜 저렇게까지 해야 하나"라는 불만을 갖고서 학원에서 대학과 대학원을 오가며 공부했던 기억이 있다.

사람이 지도자의 자리에 이르면 늘 겪게 되는 일 중에 억지 부리는 사람들을 꼭 만나게 된다. 자신의 가치관이나 세계관이 온 세상의 중심인양 떠들고, 같은 편이 안 되면 적으로 여기고 쟁취의 대상으로 삼아버리는 근성을 가진 사람들의 막무가내식 행동들로 인한 봉변당함 속에서도 대화로 문제를 풀어가고 오히려 섬기려는 자세로 그리스도의 사랑과 향취를 내는 사람으로 서 있어야 할 존재가 지도자가 아닐까 생각해 본다. 물론 이런 자세를 갖고 산다는 것이 말처럼 쉽지는 않다. 이런 저런 도전을 받으면 힘으로 밀어붙였던 시절이야 한국 근대사의 불행이었지만, 그리스도 예수를 구주로 모신 지도자의 자격으론 인내로 설득하고 섬김의 자세로 기다리는 모습 가운데 하나님의 경륜을 이루어가는 모습 역시 시대를 떠나 늘 요구되는 지도자의 모습이다. 어떻게 보면 성도란 존재는 지도력을 세상에 발휘해야 할 책임을 갖고 살아야 할 존재로 불림을 받았다. 도덕 (道德)의 마지노선으로 서 있는 존재가 신자이기 때문이다. 덕이 되는 길이 무엇일지 삶으로 보여주어야 할 부담을 갖고서 누군가의 멘토(Mentor)로 살고 존재 할 수밖에 없는 사람이 신자의 모습인 것을 잊어서는 안 될 것 같다. 그래서 신자가 되는 순간 지도력이 있을 수밖에 없다. 그만큼 세상이 신자다움을 기대하기 때문이다. 스스로 바라는 것은 신자가 신자다움을 회복하고, 역시 세상 속에 지도자다운 모습으로 덕이 되는 길이 무엇일지 궁구하는 삶을 살아내도록 철저히 자신을 부인하는 삶으로, 이런 저런 봉변을 당해도 아무 말 없이 참으셨던 주님의 인내와 지도력을 본으로 삼는 것이 아닐까 자신을 향해 질문해 본다. 아울러 사랑으로 이해하고 섬기는 자세로 세상을 변화시키려는 능력을 달라고 기도하며 다시금 지혜와 겸손을 달라는 기도가 간절해진다.

교만이 오면 욕도 오거니와

잠언의 말씀 11장 2절에 보면 이런 말씀이 있다. "교만이 오면 욕도 오거니와 겸손한 자에게는 지혜가 있느니라." 이 말씀에 공감이 가는 것은 거의 모든 사람의 마음일 줄 믿는다. 이미 하나님이 인간의 마음속에 분별력을 주셔서 누구라도 수긍이 가고 본성적으로 교만이 오면 욕이 온다는 것은 잘 알고 있다. 그럼에도 교만이 오는 것을 잘 모를 때가 많은 것 같다. 그만큼 자기도취에 쉽게 빠져서 그런지 교만이 이미 자신을 점령할 때에야 교만의 위험을 조금 느끼기 시작한다. 더 나아가 교만이 망하는 자리에 오게 할 때 자신의 교만을 알고 그때에야 고개를 숙이곤 한다. 그러나 그것도 잠시 뿐이다. 다시 교만이 고개를 빳빳하게 세우기까진 몇 초 안 걸린다. 겸손의 자리로 내려가는 데는

161

평생이 걸리는 것 같은데 교만은 순식간에 사람을 점령하곤 한다. 그래서 사람은 스스로 경계의 자리에 있지 않으면 추락의 길로 가지 않을까 두렵기도 하다.

필자의 집엔 고양이가 있다. 교회 성도가 준 고양이를 키워보는데 고양이는 약은 놈 같은데 미련한 것 같고 개는 미련한 것 같은데 약다는 생각이 든다. 즉 고양이는 잘도 잊어먹는 특성을 갖고 있는 것 같다. 주인에게 혼나고도 금방 잊어먹는다. 또한 자신의 실수도 금방 잊는 것 같다. 보기엔 똑똑해 보여도 가까이 해보니 미련한 놈 같은 이유는 잊어버리길 잘하기 때문이다.

"개구리 올챙이 시절 모른다"는 말이 있듯이 사람도 자신의 실수와 실패를 금방 잊는 것 같다. 아울러 주께 받은 은혜 역시 쉽게 잊어버리는 것 같다. 사람들의 입에서 늘 말하듯이 베푼 것은 안 잊고 받은 것은 쉽게 망각하기에 늘 섭섭병에 지배당하듯 사는 존재로 은혜 망각병에 살아간다. 그래서 교만이 찾아오면 속수무책으로 당한다. 교만엔 성문을 활짝 열어놓듯이 지배당함을 의식도 없이 쉽게 용인하지만, 겸손은 왜 그리 쉽게 포착이 되고, 경계가 되고, 겸손의 자리로 내려감이 남에게 진다는 오해가 되는지 알 수 없다. 결국 삶의 면면은 어깃장 부리듯 살아가는 모습이 아닐까? 청년 아담이 되기엔 너무도 모자란 사춘기 푼수의 자화상이 자꾸 떠오른다.

어느 목사님은 설교 말씀하시면서 겸손하고 된 사람의 특징적 직업이 주로 중소기업 하시는 사람들이란 소릴 들은 적이 있었다. 날마다 자금 때문에 걱정하고, 아들뻘 되는 사람에게도 굽실거려야 되고, 늘 부탁을 해야 하는 입장에 있기에 사람 앞에서 낮은 자세로 서 있는 모습을 발견해 본다고 한다. 그런데 그렇지 않고 인간관계가 힘든 부류의 사람이 있다고 하시는데 사(事, 士, 師)자 직업에 많다는 말을 들었다. 글쎄 이런 것이 개인적 경험에 기초한 것이라 객관적으로 말하긴 어려워도 그저 흘릴 말은 아닐 것 같다는 공감이 있다. 말하자면, 많은 인간관계속에서 하신 말씀인지라 뇌리 속에서 잘 지워지질 않음에 경계하게 된다.

미물과 지혜

지혜는 머리 안에 있는 것이 아니라 삶속에 있다. 주어진 상황의 변화를 의식하기 이전에 몸에 이미 적응이 되는 유기적인 자연스러움이 바로 지혜의 세계가 아닐까 여겨본다. 말하자면 새가 하늘을 가르고 날아가는 모습, 세찬 바람 속에서 몸놀림의 자유로움, 바람을 이용함에 구속받지 않고 다니는 모습엔 이미 지혜가 가득한 것 같아 보인다.

이런 지식의 원천은 어디서 올까? 지식을 머릿속에 담아 두지 않아도, 인식의 작용이 어떤 것인지 알지 못해도 이미 자연, 바람, 물과 유기적으로 하나가 되어 움직이는 몸동작은 지혜로움이 무엇인지 탄성을 자아내게 한다. 사실 어떻게 보면 자연은 지혜를 늘 머금고 있는 지혜의 보고이기도하다. 미물이라도 하나님의 섭리와 간섭에 반항하지 않으며 온전히 순종하는 모습은 늘 인간에게 교훈을 전한다. 그래서 사람은 자연에서 가장 많은 교훈을 얻는가 보다.

욥기를 보면 하나님이 욥을 책망하시며 말씀하시는 내용이 있다. 욥기서 38장 1절 이하를 보면 "무지한 말로 이치를 어둡게 하는 자가 누구냐 너는 대장부처럼 허리를 묶고 내가 네게 묻는 것을 대답할지니라 내가 땅의 기초를 놓을 때에 어디 있었느냐..." 이런 말씀 속에 세치 혀로 경험도 없이, 알지도 못하면서 떠들어대고, 남을 정죄하는 의식은 인간이 갖는 맹점이기도 하다. 그럼에도 모든 것을 아는 것처럼 남을 훈계하고 잘못을 따지려 드는 인간이 갖는 교만이란, 모든 인생이 인생의 뒤안길에서 경험하는 일이기도 하다. 그래서 자기를 아는 것이 지혜의 기초이기도 한데, 결국 하나님을 경외함에서 하나님을 더욱 알게 되고 인간 자신을 알게 됨이 성경의 길이기도 하다. 경외가 없는 지식, 경험, 심미안, 이 모두는 인간에게 자칫 잘못하면 교만을 갖다 주곤 한다. 그래서 설익은 벼가 고개를 곳곳이 든다는 말이 얼마나 많이 회자 되었는지 알 수 없다.

어떻게 보면 인간이 갖는 과제란? 계시의 말씀인 성경을 보고 묵상함이 특권인 셈이고, 둘째는 하나님과 인격적인 관계 속에서 갖는 관계적 지식을 늘 얻으며 살아감이 성도가 갖는 특권이고 복이다. 왜냐하면 하나님이 창조하신 창조세계 속에 숨겨진 지혜를 발견하기 때문이다. 그리곤 예배로 나아가게 한다. 하나님을 향한 경배와 예배로 주님을 높이게 된다.

오늘은 늘 보던 잡새들에게서 감탄할 일을 발견했다. 바람을 가르고 나는 모습이 너무도 자연스럽고 지혜로움을 발견하게 되었다. 그리고 "이렇게 바람을 다루는 기술을 어디서 배웠을까?"란 질문을 해보게 되었다. 부연하면 이런 배움의 근원을 본능적으로 작은 미물이 앎에는 하나님의 간섭과 사랑으로 운행하심 때문이 아닐까? 이렇듯 미물에게도 간섭하시는 주의 손길이라면 인생의 모든 것을 큰 사랑으로 간섭하시리라는 확신을 갖게 되는데, 이는 피조 된 하나님의 세계에 감추어진 지혜를 갖게 하시려는 사랑이 아닐까?

송홧가루 날리는 날

온 세상이 노랗다. 마당도 차의 색깔도, 구두위의 색
상도 노랗다. 봄이 왔다는 실감을 못 느낄까 봐 그러는
지 사람들에게 봄이 왔다고 시위하듯, 생활 깊숙이 송
화의 시위는 도를 넘어서서 4월을 진정 잔인한 달로
각인시킨다. 마치 송화의 세계에서 벗어날 인간이 없
도록 온 세상이 송홧가루의 지배아래 있다. 그래서 많
은 사람들은 송홧가루를 거추장스럽게 여긴다. 그래서
봄이 싫다고 말하는 사람을 어렵지 않게 만나기도 한
다. 그럼에도 이런 과정을 격지 않으면 봄의 멋을 만끽
할 순 없을 것이다.

거저 얻어지는 계절의 맛, 그저 그 맛에 취해서 이
모든 것이 자연스럽게 와지는 당연한 것이라고 치부하
여 버리는 인간의 교만에 경종을 울리듯이 송홧가루는

봄을 거저 줄 수 없다는 듯 온 세상을 물들이고 있다. 그럼에도 이런 메시지를 읽지 못하고 송홧가루를 째려보고 마는 행위로 끝나버리고 말아버리는 그리고는 아무 소리도 들을 수 없는 꽉 막힌 심사로 계절의 의미는 단순한 순환 외 더 이상은 아닐 것 같이 여기는 사람들이 많다. 그래서 봄은 늘 완료형으로 있는 것 같다. 즉 "Spring has come." 그리고 "Pine pollen has come."

사실 인간에게 계절을 알고 느끼며 살라는 의미는 무엇일까? 봄이 왔는데 봄을 놓치리만큼 바쁨에 매몰되어 살아갈 만큼 계절이 없는 인생으로 마치 우기와 건기의 계절만 있는 것처럼 황망히 살아가는 인생에게 계절이 있음을 알아야 할 의무가 왜 있어야 할까? 그것은 창조자를 기억하라는 메시지가 담겨있지 않을까? 계절이 오고감을 느낄 줄 알고, 풍성한 가슴이 되어서, 계절의 주인께 감사하도록 봄, 여름, 가을, 겨울은 선택이 아니라 주어지는 것이 아닐까? 선택의 자유가 없이 이미 경험되어지는 계절을 통해 창조자를 기억 할 줄 아는 의식, 이것이 인간이 가져야 할 본성이 아닐까 물어본다.

오늘은 그라지(Garage) 깊숙이 침투한 송홧가루를 보고 빗자루로 쓸어내었다. 사실 송홧가루를 쓸어버린다고 또다시 노랗게 채색할 녀석들을 쫓아낼 방도는 없는 셈이다. 그럼에도 귀찮은 마음에 쫓아내었지만 중과부적이었다. 오히려 빗자루 자국만 이리저리 어질어져 있을 뿐이었다. 마치 이러 저러한 노력을 비웃는 듯 "가만 놔두랬잖아!"라는 핀잔을 듣는 듯 했다. 오히려 봄을 만드신 창조주를 찬미할 때까지는 끄떡 않겠다는 듯이 자기와 친구가 되어 줄때까지 노란 세상을 양보하지 않겠다는 듯이 쓰레기통위에, 책상위에, 연장통위에 고체가 있는 곳은 모두 노란 알갱이들이 질서 있게 앉아있었다. "귀찮은 놈들!"이란 급박한 생각을 하려다가, 이놈들도 역시 친구들이란 생각을 붙들었다. 고추장 담글 때 섞어 넣으면 맛이 좋다는 말을 생각하게 되었고, 다식처럼 옛 과자에 넣어 먹는, 친구처럼 지냈던 녀석들이란 생각에 야박스럽게 굴 필요가 없음을 솔직히 두 손을 들고 친구로 지낼 수밖에 없음을 인정했다. 글쎄 삶속에 불청객처럼 찾아와서 힘들고 고통스럽게 하는 변수들이 송홧가루 정도라면 얼마나 좋을까? 송홧가루의 무게만큼만 아픔을 갖다 주고 간다면 친구처럼 오히려 있음으로 고마운 마음이 들것 같지 않을까? 송홧가루 강도(强度)정도의 아픔보다 귀찮음을 수십 배, 수백 배를 넘어선 변수들이 인생의 어느 정점에 마치 온 인생을 점령하려는 듯한 일들은 셀 수 없이 많은 법이다. "그럼에도 이들과 친구처럼 지낼 수는 없을까?"라는 질문을 해본다. 송홧가루 날리는 날 어느 날 오후의 단상 속에 질문해 본다.

엠마오 가는 두 제자

성경 누가복음 24장을 보면 엠마로로 돌아가는 두 제자의 모습이 나온다. 예수님을 제자로 좇았다가 십 자가 죽음 사건을 보고 이들은 고향으로 가는지 어떤 면으론 제자 이전의 모습으로 돌아가는 감을 담고 있 다. 이들이 엠마오로 걸어갈 때 그때 주님이 이들의 행 보 속에 끼어드시고 "무슨 이야기를 나누느냐?" 질문 하시며 함께 엠마오로 동행 하신다.

그런데 이들의 눈엔 예수님이 예수님으로 보이질 않 고 그저 한사람의 행객으로 여긴다. 성경에도 이런 연 유를 말하고 있는데 이는 "저희의 눈이 가리어져서 그 인줄 알지 못하거늘" 이라고 표현하고 있다. 아마 이렇 게 된 것이 사람이 갖는 고정관념 때문인지도 모르겠 다. 즉 사람이 죽으면 살아날 수 없다는 고정관념, 물론 사람이 죽으면 살아나지 못하는 것이 보편 관념이기도 하다. 그런데 이들 제자들에겐 스승 되신 예수가 고난 받고 십자가에 죽으실 것과 부활하실 것에 대한 가르침을 받은 사람들임에도 스승을 스승으로 알지 못함 속엔 사람이 갖는 죽음이란 통념이 부활을 이겨먹는 듯한 느낌도 받는다.

이런 질문은 늘 있어왔다. 즉 "기독교가 다른 종교와 다른 점이 무엇인가?"라는 질문이다. 이런 질문에 간단한 대답이 있다. "기독교는 부활의 종교다"라는 대답만으로도 그 답을 다하고도 남는다. 즉 부활을 말하는 종교는 기독교만이 갖는 유일한 사실이면서 종교가 종교성을 가져야 할 가장 고상한 내용을 갖고 있다는 점이다. 아울러 신비함도 있다. 어떻게 사람이 죽으면 부활하는가에 대한 사람이 갖는 신비, 그럼에도 이 신비로 말미암아 죽음의 한계를 넘어서게 하며 영원한 것을 추구하도록 만드는 힘은 부활에서 온다. 그래서 기독교 윤리를 가지고 살며, 이생에 정과 육보다 영원을 추구하며, 그리스도의 사랑으로 언제 어디서나 인내하는 힘은 부활 신앙에서 찾을 수 있다. 그래서 기독교에서 부활을 뺀다면 고린도전서 15장의 말씀대로 기독교인들이 가장 불쌍한 존재가 되어 버린다. 말씀을 인용하면 이렇다. "만일 그리스도 안에서 우리의 바라는 것이 다만 이생뿐이면 모든 사람 가운데 우리가 더욱 불쌍한 자리라"(고린도전서 15장 19절).

어떤 면으론 엠마오로 가는 두 제자의 행색이 이런 모습이었는지도 모른다. 가장 불쌍한 인간의 모습, 자신이 그토록 믿었던 분의 죽음으로 모든 가르침도 잃어버린 채 그들이 왔던 길로 돌아가는 모습을 상상해본다. 다시 죽음을 향해가는 모습이 그려진다. 그런데 그들을 찾아가신 예수를 통해 오늘도 하나님의 자녀들인 성도를 놓지 않으시려는 주님의 의지를 읽어본다. 실망해서 엠마오로 돌아가는 제자들에게 다시 성경을 가르치시고 그 마음에 뜨거움을 갖다 주신 주님의 열심과 사랑은 지금도 예수를 믿는 신자라면 이런 특권을 누리고 있는 셈이다. 마치 잃어버린 한 마리의 양을 찾기 위한 목자의 사랑처럼 엠마오로 돌아가려는 오늘날의 신자들에게 주님은 절대 그 손을 놓지 않으신다. 절대로 그의 자녀들 포기하지 않으신다. 그런 면에서 부활은 예수 그리스도와의 관계의 끈을 영원히 지속하는 힘이다. 생명의 관계, 영원한 관계로 죽음이 마치 신혼 여행가는 특권을 누리도록 주님이 사랑하는 자에게 주어진 특별은혜인 셈이다.

혹시라도 이런 저런 상처로 엠마오로 왔던 길로 다시 돌이키고 싶은 유혹이 있을 때 부활의 주님을 다시 확인한다면 분명 그 마음의 상처를 이기고 회복을 경험할 줄 믿는다. 왜냐하면 죽음을 넘어선 상처는 없기 때문이다. 부활이 죽음을 이기고, 죽음으로 모든 상처를 잊으려는 그 어떤 인생의 무게도 부활 앞에선 먼지 같은 무게에 불과하기 때문이다. 역시 부활은 영원히 주님과 사귐 안에서 친구 같으신 예수 그리스도와의 동행을 누리는 특권이 있음에 찬미를 올려드린다.

섭섭이와 십자가

살면서 늘 섭섭한 마음이 가시지 않는 이유가 있다면 마음을 주고 상처받고 시험에 드는 경우일 것이다. 물론 섭섭이가 찾아올 땐 시와 때를 가리지 않고 오는 특징이 있다. 그리고 누구에겐 시험이 안 될 것이 누구에겐 시험이 드는 경우의 예로 봐선 섭섭한 것은 지극한 감정의 문제이기에 주관적인 문제인 것 같다.

사실 살면서 섭섭한 경우를 경험치 않는 사람은 없다. 내가 이렇게 저렇게 도와주었는데, 내가 그렇게 믿었는데, 내가 그렇게 기대했는데, 내가 마음을 주었는데 등등의 경우들이다. 이땐 주로 일인칭의 주어가 많이 들어간다. 그리고 섭섭한 마음이 들 땐 대체로 자신만 공감하고 남이 공감이 안가는 경우가 많다. 그래서 섭섭함은 단위가 작은 편이고 세월이 섭섭이를 물러나게 할 경우도 있다. 그만큼 감정의 문제이기도 하고 마음의 그릇 문제이기도 하다. 또한 가까운 사람끼리 많고 멀리 있는 사람에겐 섭섭한 마음이 먼만큼 그저 스쳐 지나가는 경향이 있다.

살면서 나에게 섭섭함을 갖다 준 사람을 손꼽아 보라면 대부분은 열손가락이 넘는 사람들의 얼굴들이 아른거린다. 그 열 손가락 안에 들어가는 사람 대부분이 가족일 경우가 많고, 공동체안의 지도자나 늘 마주치는 사람일 경우가 많다. 그래서 공동체 안에 섭섭이가 많으면 많을수록 따듯함보단 썰렁함이 지배하고 보이지 않는 섭섭이가 갈등의 거품을 늘 일게 만드는 것 같다.

경우에 따라서 섭섭함을 갖다 주게 하는 요인에는 문화의 요인이 작용하기도 한다. 즉 내가 윗사람인데 나한테 인사하러 오지 않는다는 섭섭한 감정이 은근히 오래도록 지배하는 경우도 있다. 아니면 오래전 친정 어머니가 날 시집 잘못 보냈다는 섭섭함이 평생을 지배하는 경우도 보고 듣는다. 그래서 섭섭함의 이유는 천차만별이고 섭섭이는 집안, 개인의 마음, 공동체 그 어디나 보이지 않지만 존재한다.

그런데 잘 보면 섭섭이를 많이 데리고 사는 사람의 특징은 삶의 목표가 없고 꿈을 잃어버린 사람 가운데 많다. 대체로 지도자의 마음속엔 섭섭이가 머물 공간이 오래가지 않는다. 왜냐하면 크게 생각하고 빨리 처리해야 하기 때문이고, 밀물처럼 밀려드는 섭섭한 사람들의 이런저런 원망의 소리에 자신을 보기 때문이다. 그럼에도 이런 것을 거뜬히 처리하는 능력은 섭섭함을 그 마음에 오래 웅크리도록 허락하지 않는다.

종종, 살면서 "섭섭한 마음을 갖지 않고 어떻게 살수 있을까?"라는 질문이 들 때가 있다. 왜냐하면 섭섭하게 했던 사람들을 찾으려면 얼마든지 찾을 수 있기 때문이다. 특히 교회라는 공동체 안에서도 말이다. 이 섭섭함을 극복하지 못해서 한번 토라지거나 갈라서게 되면 그 뒤론 절대 화합이 되질 못하고 영원한 원수처럼 사는 경우를 자주 보는데 교회 안에 잠재된 거인 같은 존재로 느껴지곤 한다. 그런 면에서 섭섭이라는 감정, 지극히 주관적인 놈을 잘 처리하는 능력 역시 예수 그리스도의 본을 따라 살아감이 성도에게 주어진 과제이고 십자가의 도(道)이기도 하다. 섭섭이라는 작은 단위의 시험을 잘 처리하지 못하고서는 그 다음 단계의 신앙적 그릇으로 못 넘어감을 경험하고 보기 때문이다.

그런데 섭섭이가 사라질 때가 있다. 섭섭하게 했던 사람이 죽었을 경우나 너무 안 좋은 일을 당했을 때 이다. 이런 일로 보상심리가 있어서 그런지는 몰라도 이럴 땐 자기 자신에게 섭섭한 감정이 든다. 왜 진작 섭섭함을 풀고 잘해 주지 못했는가하는 자신에 대한 실망이 크게 밀려올 때가 있다. 이런 실망의 쳇바퀴에서 벗어나려면 역시 그 누구라도 잘 섬겨야 함이 성도가 갖는 과제가 아닐까?

결국, 신앙생활이란 삶 가운데 자신의 의지와 관계없이 밀려오는 이런 저런 섭섭한 감정을 극복하느냐 못하느냐에 따른 싸움일 것이다. 그래서 예수 그리스도의 십자가를 바라본다. 애매함, 죄가 없으시면서도 십자가를 지셔야 했던 고통과 모순 가운데 누구 하나 원망 없이 묵묵히 지셨던 주님의 십자가를 통해 성도의 싸움은 섭섭함이란 작고 명분이 없는 싸움에 종속된 존재가 아니라 하나님의 나라와 그리스도의 형상이란 적극적 싸움에 불림을 받은 존재가 아닐까? 잘도 섭섭해 하는 자아(自我)에 질문해 본다.

사순절의 대화

3월이면 늘 사순절이란 교회력을 통과하게 마련이다. 비록 바빠서 이리저리 치임 받는 삶이지만, 사순절 기간에 갖는 묵상, 역시 주님의 고난과 십자가가 됨은 누구라도 공감이 가는 주제일줄 믿는다. 그럼에도 사순절이란 기간이 의미 없이 지나치기 쉽고, 아울러 고난이란 단어가 생소하게 느껴지는 오늘날의 교회와 신자가 된 이유가 있다면 웰빙(Well-being)이란 주제에 탐닉해 버린 시대정신 탓이 아닐까 여겨본다. 그래서 고난(Suffering)이란 단어가 점점 생소하게 느껴진다. 글쎄, 이것을 너무 강조해 버리면 마치 기독교가 투정부리는 어린아이(Crying Baby) 같은 현상 때문인지, 아니면 교회성장이라는 부담 때문에 그런지는 몰라도, 십자가의 도를 가르치며 주를 위한 고난에 참여함엔 깊은 이해를 회피하려는 것 같다. 아무튼 교회 성장과 맞물린 번영의 신학 탓에 무거운 주제의 메시지는 고난 주간 한 주간의 행사로 빨리 끝내지는 경향을 느껴본다. 결국 찬송가에 있는 고난에 관계된 찬송은 년 중 한 주간만 불러지는 찬송이 되어 버리지 않을까 아쉬운 마음이 있다. 그만큼 교회가 부담스러워 하는 것이 있다면, 내용이야 어떻든 느리고 쳐진 템포의 곡을 피하는 경향이라는 것이다. 즉 빠른 템포의 복음송이나 찬송에 익숙해진 세대 탓으로 고난에 동참해야 한다는 부담을 회피하려는 시대적 흐름은 인스턴트 신자들을 양산하고 있지 않을까 경각심을 가져 본다.

그럼에도 신자가 세상에서 불림 받은 존재 이유가 뭘까? 역시 세상 어두운 곳을 향한, 그곳 사람과 함께하고 고통을 나누어 짊으로 주님이 지신 십자가의 도를 실행하는 존재로 불림 받았다는 사실, 부담스럽지만 신앙상식처럼 웬만한 신자의 의식이고 교회의 사명이기도하다. 그런데 일 년 절기 중에 대강절, 성탄절, 부활절, 오순절, 추수 감사절 등의 절기가운데 유독 사순절의 긴 기간이 부담스럽게 느껴지는 이유로, 십자가 보다는 부활의 영광만을 바라보는 이기성이 오늘날의 교회 안에 투영된 모습이 아닐까 심히 경계해 본다. 여기엔 제 2차 대전 이전부터 독일 루터교 목사 본 훼퍼(Dietrich Bonhoeffer)가 강조한 값싼 은혜(Cheap Grace)에 중독된 독일 교회의 모습이 현대에 와선 더욱 회피 할 수 없는 현실로 받아진다. 그만큼 제자도(Discipleship)를 생각하게 하는 신자와 교회의 모습보다는 디베랴 바닷가에 떡 맛 때문에 예수를 좇는 군중의 모습이 더욱 가깝게 투영되는 필자를 포함한 신자와 교회의 모습이 아닐까 도전이 크다.

그런 의미에서 사순절의 기간을 통해 본질로 돌아가는 신자와 교회가 된다면 주님이 기뻐하지 않으실까? 십자가를 질줄 알고 남의 부담을 너끈히 질 줄 아는 믿음의 사람이 점점 편만해지도록, 하나님의 교회에서 잘 훈련된 예수의 제자들이 군사처럼 세상을 향하여 나아가는 능력을 갖춘 믿음의 사람이 되는 것이 교회가 갖는 사명일 줄 믿는다. 아울러 사순절의 기간을 통해 십자가 아래서 자기 발견, 죄 성에 쉽게 함몰되어 자신을 세속에 방임함을 합리화 잘하는 속성들을 주님께 드리고, 새롭게 진보되고 변화되는 변혁의 과정으로 주께 자신을 의탁하는 절기가 된다면, 십자가와 부활의 조화를 잘 이룬 신자의 모습이 되지 않을까 회개하는 마음뿐이다.

An Essayistic Spiritual Journey of A Naive Stranger

선택

사람은 선택에 대한 갈등을 갖고 산다. 아침에 눈을
뜨면서 선택이 시작되는데, 하루 스케줄, 옷의 칼라,
넥타이 등등 하루를 선택으로 시작하며 집을 나선다는
것이 만만치 않다는 생각이 들 때가 많다. 가끔 겪는
갈등 속에 내가 선택한 것과 아내의 선택이 다를 때,
참 귀찮다는 이기심이 발동하지만, 아내는 남편을 사
랑한다는 배려에서 나의 선택을 수정해 주곤 한다. 이
것이 처음엔 싫지만 결국 아내의 선택에 순종함이 옳
다는 생각을 집밖을 나와선 하게 된다. 즉 옷을 입고
나선 꼭 다른 넥타이, 옷의 칼라를 주문하는데, 왜 진
작 말하지 않았느냐고 역정을 내곤 속 좁은 사람처럼
삐쳐서 머쓱해진 모습을 감추려고 역정 한번내고 나오
지만, 역시 내 선택의 부족함을 인정할 때가 많다. 이

렇듯 인생의 매순간 선택해야 하고 결정해야 할 순간이 얼마나 많은지 존재감은 선택의 갈등 가운데 느끼는 것 같다.

사실 결정되어진 것에 따를 수밖에 없는 것이 참으로 많다. 어쩌면 인간이 결정하는 일이 많은 것 같아도 결정할 수 없는데 결정되어진 것이 얼마나 많은지 알수 없다. 말하자면 날씨는 주어진 대로 따를 수밖에 없다. 오늘도 갑자기 쏟아지는 눈 때문에 거북이걸음 운전을 할 수 밖에 없었다. 엉금엉금 15마일의 운전이 답답하지만 앞서간 차바퀴 자국을 찾아서 운전하는 형국은 인간의 능력이란 이처럼 나약한 존재임을 다시 확인케 했다. 단 한 번의 눈 옴으로 모두가 거북이가 되어서 엉금엉금 기는 모습은 인간이 어떤 존재인지 다시 생각게 했다.

아둔한 말 같지만, 차가 달리다가 신호등에 걸리는 것 역시 인간이 할 수 없는 불가항력인 것이다. 눈앞에 보이는 신호등이야 노란불에도 요령껏 지나친다 해도 그 다음 신호등까지 계산에 넣고 지나 칠 수 있다는 것은 보통 머리로 가능하지 않다. 그래서 주어진 대로 감사하며 받아드릴 줄 아는 것이 지혜 있는 모습이다. 날씨도 신호등도 내 뜻대로 안된다고 신경질 내는 모습 속에 갈등을 전이시키는 전도사로 살아갈 확률은 더욱 많은 법이다. 그만큼 된 것을 가지고 마음속에 감사보다는 회오리바람을 품고 사는 사람은 늘 불만이란 불을 누구에게라도 전이시킬 시한폭탄을 감추고 살기 마련이다.

잘 보면 선택할 수 없는 영역의 것은 하나님의 간섭과 보호라는 은총이 깃든 신적 행위이고, 그 안에서 셀 수 없이 많은 인간의 선택이 이뤄진다. 물론 어떤 환경은 인간으로 하여금 더욱 악의 길로 가기 쉬운 변수들이 숨어있다. 그렇다고 그곳이 아무 빛도 비치지 않는 어둠의 영역이라고 합리화시키며, 올바른 선택을 할 수 없었다는 변명은 통하지 않을 것이다. 그만큼 하나님은 인간의 마음속에 은총의 빛을 주셨기 때문이다.

사실 온전한 선택에 대한 분별력은 인간이라면 누구라도 있다. 그래서 선택에 대한 책임은 인간 누구에게

라도 주어진다. 즉 윤리적 명령에 대한 인간이 갖는 분별력은 스스로 느끼기에 빛의 강도의 차이는 있지만, 상식적인 삶에 대한 책임은 누구라도 있게 마련이다. 그래서 선택이란 옳고 선한 것을 붙드는 행위라기보다는 악하고 나쁜 것을 버리는 행위가 선택이 아닐까 여겨본다. 즉 옳은 것을 분별하기 보다는 나쁜 것을 분별하는 것이 상식 속에 더욱 가능케 하기 때문이다.

아울러 선택은 나쁜 것만을 버리는 소극적 행위뿐 아니라 역시 적극적 행위이다. 그리고 그에 따른 선물이 있다는 사실도 간과해서는 안 된다. 로버트 프리츠는 이렇게 말한다. "당신이 결정하는 순간 버려져 있던 어마어마한 에너지가 움직이기 시작한다." 글쎄, 시작이 반이라는 말이 있듯이 무언가를 선택하고 결정하는 행위가 쉽지 않지만, 그 후에 일어나는 시너지 효과는 엄청나게 마련이다. 그 전까지 가졌던 갈등을 극복하고 선택하고 결정한 뒤에 올인하는 모습엔 열정이란 선물과 삶에 대한 희열도 경험하기 때문이다. 특히 신자는 갈등과 함께 올려드리는 기도로 뭔가를 선택하는 경우가 많다. 여기엔 하나님의 도움이 함께하는 시너지의 역사로 자신이 원하는 것을 넘어선 하나님의 뜻을 이루기 때문이다. 그래서 갈등은 기도로 인도하고 하늘의 뜻으로 나아가는 동기가 되곤 하는데 늘 하나님의 뜻에 서서 온전한 선택을 감당하도록 지혜를 간구함이 하나님의 사람 된 몫이 아닐까?

은총의 빛과 연기(演技)

하나님이 주신 은총엔 과거의 것 대부분이 아름다운 축복으로 장식되도록 완성시키시는 은혜가 있다. 이것을 무엇이라 표현할 수 있을지, 이 아름다운 것들은 언제나 꺼낼 수 있도록 은혜와 축복을 주셨다. 그래서 과거는 은은한 즐거움을 주고, 현재엔 그 즐거움을 바탕으로 힘을 얻는 발전소가 되곤 한다. 그리고 미래의 청사진을 밝게 그려갈 수 있다.

어쩌면 과거란 인생의 바탕색인지도 모르겠다. 어두운 과거는 어두운 채색의 영향으로 잘못하다간 눅눅한 어두움이 깃든 삶을 살 수밖에 없는 위험이 없지 않아 있지만 밝은 바탕으로 채색시키는 밝고 좋은 추억은 늘 미래를 밝게 만들어간다. 그럼에도 하나님의 은혜는 어두움에 희망의 빛을 늘 비추어 주신다. 그 빛 아래서 부정적 경험을 더 큰 의미로 바꾸어 주시고, 의미 있는 추억으로 변화시켜주심이 인간의 기억 속에 개입하시는 하나님의 은총이다.

어쩌면 인간이 갖는 죄의식, 죄책감은 사람을 성장시키는 원동력이 되곤 한다. 더욱 철들어 가는 인간으로 변화시켜 주신다. 물론 이것에 얽매일 땐 우울증처럼 늘 삶이 피곤하고 힘들게 하는 동인(動因)이 되곤 하지만, 이러저러한 실수가 은총의 빛에 비췸을 받을 땐 거룩한 의미로 변화되는 선물을 받는 존재가 은총의 빛 안에 거하는 신자의 특권이기도 하고, 보통사람에게는 일반 은총의 빛 안에서 새로움을 경험하기도 한다.

사실 사람은 살아가면서 가까운 대상일수록 실수를 많이 하고도 죄책감을 덜 느끼고 산다. 오히려 실수를 받아 줌이 당연한 것처럼 늘 당당하게 실수하고 그 까짓것 가지고 그런다고 핀잔을 주곤 한다. 그래서 가까우면 가까울수록 철들어 가는 모습을 보이기 어려운 것 같다. 결국 철들지 못한 모습을 감추고 철든 사람처럼 연기하는 대상은 먼 사람에게만 있다. 가까운 사람에겐 실수하고도 그 실수의 기억이 금방 사라지지만, 먼 사람에게 한 실수는 자신의 자존심을 떠올리며 오랫동안 잊질 않는다. 그리고 만회할 기회를 가져 보려고 애쓰다 속 알맹이를 감춘 채 삼류연기하면서 그럴듯한 포장에 의지한다. 어떤 의미로는 인간이란 존재는 어쩔 수 없이 연기하며 살아가는 존재로 인생이란 막을 지나친다.

글쎄 앞으로 다가올 시간 안에 내가 어떤 연기를 어떤 대상을 향해 할지는 알지 못하지만, 연기를 하며 살 필요가 없는 대상은 자기 자신 혹은 아주 가까운 대상일 수 있고, 연기로 치장된 모습으로 만나지는 대상은 약간, 혹은 먼 상대임이 틀림없다. 물론 가깝거나 멀거나 자기 연기에 진솔한 자신, 진실이란 내용이 있다면 성공한 인생이란 도식이 성립되지만 그렇지 못하다면 삼류 연기로 살아간 누구라도 기억이 힘든 엑스트라 인생이 되기 쉽겠다. 그런데 누가 진솔이나 진실이란 연기를 완벽히 할 수 있을까? 죄성(罪性)이 지배하는 인간에게 버거운 과제임에 틀림없다. 그래서 은총의 빛이 필요하다. 온전히 진실을 다한 연기로 살수 없어서 죄책이란 우울증이 늘 침습하도록 실수의 기억이 가득한 인생의 과거가 거룩한 의미로 되살아나는 것은 하나님의 은총밖에 없다. 삼류 연기자들의 군상, 누구라도 기억치 못할 삶 같지만, 하나님의 은총의 빛 아래 비침 받는 들풀 같은 인생을 향하신 하나님의 간섭은 인간의 모든 순간을 기억하신다. 그 빛 아래서 하늘의 가치로 승화시켜주시는 은혜로 살고 있음을 고백 드리지 않을 수 없다.

한해의 끝자락에서

벌써 한해가 끝나간다. 늘 "벌써!"라는 헛바람이 불곤 하는 이때, 그래도 하나님의 은혜로 한해를 지난다는 생각이 스친다. 하나님의 은혜가 아니고선 온전히 한해를 넘긴다는 것은 인간의 능력으로 불가능하다는 생각이 든다. 그만큼 인간은 그 누구라도 하나님의 은총에 숨을 수 있는 자는 없다. 마치 태양빛을 피할 수 없음같이 말이다. 어떻게 보면 은총에 나이의 수를 곱한 것만큼 은총의 빛 가운데 살았음에 틀림이 없다. 그럼에도 한해 마지막 주간을 지나면 많은 경우의 사람들은 허무주의자가 되는 것 같다. 그래서 12월 마지막 주간엔 허무주의에 빠진 듯한 사람들을 많이 보는 것 같다.

인간이 살아가는 군상을 보노라면 은근히 마음속에

휑한 바람이 불때가 많지만, 공짜로 주어지는 시간들, 이것 자체만으로도 인간은 역시 하나님의 은총 속에 살 수밖에 없는 존재이다. 시편 139편을 보면 이런 말씀이 있다.

"주께서 나의 앉고 일어섬을 아시며 멀리서도 나의 생각을 통촉하시오며 나의 길과 눕는 것을 감찰하시며 나의 모든 행위를 익히 아시오니 여호와여 내 혀의 말을 알지 못하시는 것이 하나도 없으시니이다."

모든 것을 아시는 분, 인생의 생각을 아시고, 일거수일투족에 그 눈을 떼지 아니하시는 분, 모든 행위를 다 아시는 분, 혀의 말조차 다 아시는 분께서 인간의 삶속에 개입하셔서 그분의 섭리를 이뤄 가신다. 주신 시간 속에 인간은 헛되고 허무한 것으로 그 시간을 채우지만, 하나님께선 인간의 실패를 의미와 가치로 바꾸어 주시고, 사람을 온전히 세우시는 은총은 성도에겐 특별한 은총으로, 일반인에겐 일반은총으로 역사하여 인도하심을 보고 느끼며 찬미를 드리지 않을 수 없다. 마치 시편 19편의 말씀 "그 온기에서 피하여 숨은 자 없도다"대로 그분의 온기 안에서 피할 수 있는 인간은 아무도 없다. 그래서 과거는 아름답게 느껴지고, 따뜻한 온기로 감싸서 언제라도 꺼내보면 아름다운 추억으로 변화시켜 주시는 은혜를 생각지 않을 수 없다. 그리고 현재에 그분의 온기로 인도함 받는 순간순간 빛 비춤을 느끼며, 인도함을 받으며 산다. 앞으로 있을 사건 속에 이미 개입하고 계시고, 피할 길도 예비하신 주님의 온기 역시 성도의 몫이다. 주의 온기는 영원히 성도에게 비추는 은총의 빛임을 경배 드린다.

한해를 보내면서 떠나보낸 사람들의 면면을 잊을 수 없다. 인생의 막에서 함께 연기하신 분들인데, 잠깐의 만남을 통해서 마지막 길벗이 될 수 있어서 감사하고, 누군가 인생의 길벗이 되어줄 사람을 상상하면서 감사 드린다. 사실 널싱 홈(Nursing Home)만 가도 은근히 염세주의자가 되어서 나오기 쉬운데, 이분들의 친구가 되어준 것도 감사하고, 삶의 신비를 더욱 배우는 것 같아 고마운 분들로 채색된다. 그리고 곧 떠나지 않을 것 같던 분들이 곧 떠나실 때, 인간의 시간과 하나님의 시간이 이렇게 차이가 난다는 사실에 숨죽이며 겸손치 않을 수 없는 존재가 된다. 그만큼 인간은 시간 앞에서라도 낮아질 수밖에 없는 존재로 서있다.

거부할 수 없는 시간, 값으로 매겨질 수도 살수도 없는 시간을 거저 받는 인생을 향한 거대한 은총 앞에 하나님의 의미와 가치로 채워 가야겠다는 다짐을 해본다. 물론 이런 다짐이 또 나를 속이는 행위가 되리라는 생각도 들지만, 주가 주신 시간의 공간 안에 하늘의 뜻이 채워지도록 쓰임이 있는 주의 도구가 되리라는 새로운 다짐으로 새해를 맞이하려 한다. 코람 데오!

머피의 법칙을 넘어서

머피의 법칙은 항공기 엔지니어였던 머피가 발견했다고 해서 머피의 법칙이란 말로 사용되게 되었는데 말하자면 이런 뜻이라고 한다. "잘못될 소지가 있는 것은 어김없이 잘못되어 간다"라는 의미를 내포하고 있다고 한다. 즉 나쁜 일은 겹쳐서 일어난다는 뜻으로 본다. 이걸 빗대어 우스갯소리가 있는데 말하자면 "그냥 지나칠 때는 자주 오던 버스도 막상 타려고 기다리면 죽어라고 안 온다"와 같은 말이라 한다. 하나 더 소개하자면, "큰 맘 먹고 세차하면 꼭 비가 온다"와 같은 일이다. 이런 일을 신자에게 적용하자면, "맘먹고 교회 갈려고 하는데 친구가 전화해서 놀러 가자고 한다. 그러면 이번 한번만 하다가 오래도록 교회를 못나간다." 또는 "기도하려고 맘먹고 두 손 모으면 꼭 전화가 걸려

197

온다"와 같은 의미일 것이다. 그래서 교회에 가서 마음 놓고 신앙 생활하는 것도 잘 안 된다고 말하기도 하고, 나는 왜 되는 일이 없느냐고 푸념하기도 한다. 혹시라도 이런 일들을 연속으로 경험한다고 느끼면 신자로서 어떤 자세와 태도를 가지고 이런 위기를 넘길 수 있을까? 사실 신자는 그 답을 다 알고 있다. 즉 하나님을 의지하고, 간구하며, 성경 말씀을 통해서 지혜를 얻는 길이다. 즉 성령님의 인도를 받는 것이다. 이런 모습이 일반인들에겐 너무도 생소하게 보일런지 몰라도 신자에겐 자연스런 일일 것이다.

〈침묵〉의 저자 엔또 슈샤쿠는 잘 안 되는 일이 생길 때는 이렇게 한다고 한다. 즉 늘 활달하고, 잘 풀리는 친구를 가까이 하면 자신도 새로운 힘을 얻는다는 글을 쓴 적이 있다. 지극히 자연인다운 발상이다. 이런 발상이 신선함까지 주는지는 몰라도, 신자가 갖는 특권은 안 좋은 일이 겹으로 올 때 그 안 좋은 일을 말씀의 지혜를 갖고 해석하는 자세가 중요하리라 본다. 인간의 머리로 원인과 결과를 규명함에는 늘 누구 때문이란 해석 밖에 안 나온다. 그런데 하나님이 주신 지혜는 하나님의 선을 이루기 위한 방편으로서, 안 좋은 일이 계속 겹쳐도 하나님께서 주시는 사랑의 간섭으로 보는 믿음의 시각인 것이다. 그래서 사건에는 하나님의 뜻이 있다고 보는 시각이다. 왜냐하면 하나님께서는 온 세상을 통치하고 계시기 때문이다.

만일 이런 시각이 없이 늘 어려운 일을 당하면 회피하는 길로 나간다면 결국 인생은 미꾸라지 인생으로 어떻게 하면 어려운 일을 피할까라는 생각이 지배하기 시작하고, 자신도 모르게 기복적인 신앙관을 갖기 쉽다. 그리고 종교란 어려움을 회피하기 위한 가장 좋은 수단으로 여기게 된다. 물론, 이런 자세는 참으로 우매한 일이 아닐 수 없다. 왜냐하면 복음으로 출발한 신자라 할지라도 자신도 모르게 기복적인 신자로 변질될 위험이 있기 때문이다. 그리고 교회를 다니는 이유가 지극히 지엽적이고, 피상적인 신앙으로 흘러서 자람이 없는 신자가 되기 쉬운 법이다. 그래서 사건을 만날 때마다 어떻게 해석 하느냐는 정말 중요한 것이다. 이런 해석이 없어서 늘 나쁜 일은 안 만나게 해달라고 기도하게 된다. 혹시라도 나쁜 일을 만나게 되면 하나님이 날 버리지 않았나 하는 의구심이 지배하기 시작한다. 이런 우매하고 피상적인 신자의 모습에서 빨리 벗어나기 위해서 지혜를 달라고 간구하고, 주님의 임재 가운데 사는 모습이 얼마나 귀한지 알 수가 없다.

많은 사람들에게 지배하는 종교관이란 삶 속에 우연히 와지는 어려움들을 피하기 위한 수단으로서 종교를 선택하는 경우가 많이 있다. 그 중에 하나로 기독교가 되는 경우가 많은데, 하나님의 말씀은 우리가 당하는 고난이나 어려움을 피하기 위한 요령을 가르치는 지침서 정도로 여긴다면 이 얼마나 우매한 일일까? 항차 이런 동기로 신앙의 길로 접어들었다 할지라도 신앙의 연수가 지날수록 하나님께서 자신에게 주신 인생의 길을 발견한다면 얼마나 좋을까! 그래서 목적이 있는 삶으로 나아가며, 주의 뜻이 이루어지도록 고난의 이유와 목적을 알아가는 사람이 되어간다면 얼마나 자유한 사람일까!

혹시라도 머피의 법칙과 같은 일을 우리가 경험한다면, 그저 회피가 아니라 그 안에 내포된 간섭의 의미를 알아가도록 간구하고, 주의 길이 어디에 계신지 구도하는 자리로 나아간다면, 머피의 법칙을 피하거나, 이용하면서 살아가는 피상적 인생은 아니리라 본다. 왜냐하면 하나님께서 통치하심을 알기 때문이다.

생색

속담에 "미꾸라지 먹고 용트림 한다"는 말이 있다. 별것 아닌 일을 해 놓고도 생색을 낸다는 말로 이해되는 말이다. 잘 보면 사람은 자신에 대해서 또한 자신이 한 일에 대해서 귀하게 여기고 의미를 부여한다. 그러면서 타인과 타인의 일에 대해선 별로 관심조차 기울이지 않는 경향이 있다. 그래서 죄가 무엇이냐 라고 했을 때 자기중심적인 경향이 아닐까 여겨본다. 즉 이 경향은 늘 일인칭을 중심으로 한다.

사실 죄성은 타인을 향해 있기 보다는 늘 자기지향적인 것이 사실이다. 자신의 입장에서 사람과 사물을 보고, 이해하고, 연민해 하며, 해석하고, 타인의 입장에선 인색해 지고, 냉소가 나오며, 괜스레 어-쭈 하는 우쭐함이 어깨를 들먹이게 한다. 내가 아프면 있는 약

없는 약이 다 동원되어도 아까운 생각이 들지 않아도, 남이 아프면 귀찮은 생각이 들면서 약값 생각이 난다. 길가다 오줌이 마려우면 몰래 남의 가게 앞에 오줌 누고도 이 가게가 앞으로 잘될 것이라는 생각을 하지만 남이 자기 집 앞에 가래침을 뱉는 소리가 나오면 쌍소리가 나오게 마련인 것이 인간이기 때문이다. 이러한 모습은 돈 주고 배우는 것이 아니라 저절로 배워지고, 자기 안에 숨어 있다가 자기도 모르게 나타난다. 그래서 인간은 합리화를 잘하는 것 같다. 더 나아가 생색내기를 곧잘 한다. 즉 잘못엔 합리화, 잘함엔 생색을 곧잘 낸다. 역시 잘 보면 자기에겐 관대한 법칙을 적용하고 타인에겐 인색의 법칙을 적용하길 주저하지 않는 그래서 어쩔 수 없는 죄인이 우리 인간이다.

칼빈의 5대 교리 중 '전적 타락'이 있다. 인간의 타락된 영역이 이성과 육체 등 한군데도 선한 것이 인간 안에 존재하지 않는다는 교리이다. 그래서 하나님의 불가항력적 은총이 없으면 도저히 구원을 얻을 수 없는 존재가 바로 인간일 수밖에 없다는 교리이다. 결국 인간이 갖고 있는 죄성의 모습을 본다면 이 교리가 참으로 진리라는 고백을 하지 않을 수 없다. 자기 자신 안에 죄성이 꿈틀거릴 때 마다 우리가 은혜로 산다는 고백과 용서해 주시는 주님의 십자가 때문에 오늘도 호흡하며 산다는 감사가 있어야 하지 않을까?

역설적이지만 존재의 무게는 늘 내 중심에 두는 경향이 있어서 '더불어' 혹은 '함께'라는 믿음의 생각이 없기에 늘 도전이 되곤 한다. 그러고도 이 도전을 넘지 못해 생색이 튀어나오고, 공허함을 수없이 경험하는 쳇바퀴 도는 삶이 되지 않을까 심히 조심스럽다. 그럼에도 불구하고 이 공허감을 채우고자 자기도 모르게 생색이 또 튀어 나오는데, 이런 자화상의 군상들이 모여서 'we-society'를 형성하지 못하고, 'me-society'를 형성하는 요인이 아닐까 신자들뿐 아니라 교회에 큰 경계로 다가온다.

참음의 시간성

살면서 부모님과 어른으로부터 많이 듣는 말은 "참아라!"일 것이다. 참는다는 것이 말처럼 쉽지 않고 참으며 산다는 것의 어려움 또한 모를 리 없다. 이것이 잘 안되기에 사람들은 참지 못하고 일을 그르치는 경우가 너무도 많았던 일, 누구라도 공감하는 일이다. 그럼에도 참아야 하는 것, 가슴에 깊이 새겨서 감정을 앞세워 실수하는 일은 없어야 하지만 잘 안 된다. 그만큼 참는 것과 인격의 관계는 빛과 그림자 같다. 그러기 위해서 많은 경우의 이야기가 인격도야 인격수련이란 말을 사용하는데 역시 교회에서도 인격이 주님의 말씀으로 다져서 훈련되어야 함을 수없이 강조한다. 단순히 인간의 능력만을 의지해서 훈련한다는 의미가 아니고 말씀으로 다스림 받고 성령님의 인도를 받으며 순종하는 삶을 따름이다. 그럼에도 아차 하는 순간에 실수를 저지르고 물을 엎어 버리듯이 튀어나가는 부족함을 어떻게 막을 수 있을까?

이상하게 청년의 때는 감수성이 민감해서 그런지 잘 웃고 늘 행복한 마음이 가득했다. 온 세상이 자신을 위해서 존재하는 것처럼, 가능성으로 가득 차 있어 보였고, 기회는 얼마든지 주어지는 것처럼 여겨서 운상기품과 여유로움이 철철 넘쳤다. 그리고 사람간의 불협화음은 "형씨!"하면서 쉽게도 풀어졌다.

그런데 세월이 가면서 사람속의 폭이 좁아지는지 작은 일에도 민감하고 쉽게 감정이 상하고 인간관계의 문제에 얽혀 버리면 피하든지 아니면 단절시키는 해법 외엔 다른 길이 별로 있어 보이지 않음처럼 여유 없이 살아가는 모습이 된다. 외람되고 심히 철없는 말 같지만, 교회 안에서도 오십이 넘은 남자가 싸우지 않으면 대체로 교회는 평안함을 느낀다고들 하는데, 세월의 풍상을 겪다보면 그렇게 되어 버리는 현상을 이해해야 할 것 같다. 즉 보이지 않던 사람의 속내가 보이기에 누가 던지는 한 마디의 말속에 담긴 의도를 읽기 때문에 감정이 앞서기도 한다. 과거에 보이지 않았던 사람의 속이 점점 보이는 'reading mind' 현상에 자신도 모르게 분을 내게 되고 감정적인 사람이 되는 것이 속 모르는 영피플(Young People)들의 눈엔 피상적인 현상이 전부인 것처럼 보이는지 대체로 기성세대와 가까이하는 것을 꺼려한다.

늘 그렇듯이 기성세대와 젊은 세대 간의 겉도는 현상은 근자에 와서 더욱 심화 되는데 한 예로, 엄지손가락의 빠른 놀림으로 문자 메시지를 보내는 세대와 핸드폰 기능의 받고 끔만 아는 기성세대와의 간격은 기술적 능력만으로 봐도 기성세대가 충분히 무시를 당하고도 남는다. 그래서 화가 가시질 않고, 늘 불을 가슴에 담고 살아가야 하는, 떠 밀려남을 느끼지 않을 수 없는 세대, 그래서 더욱 감정적이 돼 버린다. 그리고 타인의 속을 잘도 읽어 내지만 논리적으로 설명할 재간이 없어서 참음이 점점 어려워진다. 아마 이런 현상은 이민의 삶을 살아가는 이민자에겐 세대와 문화의 갭에서 오는 고립감이 엄청나서 마음속엔 언제나 불을 품고 살아가야 하는 형국인지도 모른다. 그럼에도 참아야 한다. 잘못하다간 이 불이 주위로 쉽게 붙어서 이곳저곳이 불나는 상황이 되고 스스로 탈진 즉 'Burning Out' 될까 두렵다. 그래서도 참아야 하고, 하나님을 아는 사람이라면 더욱 그렇다. 역시 사람도 참아야 하지만 신자라는 정체성을 가진 사람이라면 더욱 참고 살아야 할 소명을 갖고 신자로 불림 받았다. 인생의 길이가 길든지 짧든지, 연륜의 넓이가 크든지 작든지, 참음의 시간성은 신자에겐 주님이 오실 때까지 참으라는 것이다.

야고보서 5장 7-8절을 참고해 보자. "그러므로 형제들아 주께서 강림하시기까지 길이 참으라 보라 농부가 땅에서 나는 귀한 열매를 바라고 길이 참아 이른 비와 늦은 비를 기다리나니 너희도 길이 참고 마음을 굳건하게 하라 주의 강림이 가까우니라." 농부처럼 열매를 바라보는 소망을 갖고, 주님이 오실 때까지 참아야 할 현실 있는 영성, 힘들지만 신자의 몫이고 소망이 넘치는 몫이다.

영원한 소명

쥐렌 키에르케고르는 이렇게 말했다. "인간은 저마다 영원한 소명을 가지고 태어난다. 스스로 이 영원한 소명을 성취해내는 것이야 말로 인간이 이룩할 수 있는 가장 숭고한 일이다." 시공간을 넘는 말 같다. 소명이 소명인 것은 소명이 인간에게서 오는 것이 아니라 하늘로부터 오기 때문일 것이다. 그래서 가지고 태어난다는 키에르케고르의 말에 공감을 불러일으킨다. 사람이 스스로 가치를 가지고 그 가치에 따라 살려하기보다는 하나님이 주신 가치에 따라 주의 일을 수행하려는 마음, 이런 욕구는 평생을 통해 내면적 꿈틀거림으로 남아 있다. 하물며 목사라도 내가 정말 주의 뜻을 온전히 행하고 있는지, 소명으로 시작된 길을 가도 늘 자신의 소명에 되묻곤 할 때가 있다. 이것이 인간의 나약성 때문이 아닌가 싶다. 나약한 인간을 둘러치는 셀 수 없이 많은 갈등을 소명의 길에서 경험할 때 도망가고 싶을 때가 얼마나 많은가?

선교지에서 사랑하는 딸을 잃고서 모든 선교의 소망을 포기하고 하나님을 원망하다가 꿈속에 딸이 한 말을 통해서 다시 새롭게 선교의 불을 태우는 열정을 가지고 열심히 선교의 사명을 감당하고 계신 분을 뵌 적이 있다. 딸의 말이 아니라, 이 선교사님은 다시 선교의 길로 갈 수밖에 없는 분이셨다. 그만큼 소명의 길이 녹녹하지 않지만 피할 수 없는 인생의 길이 된 셈이다. 가야 할길, 피할 수 없는 길이 되어서 좁은 길이라도 가게 하는 힘, 여기엔 소명이 작용한다.

어떤 면으론 소명을 발견한 자는 행복하기만하다. 가야 할 인생의 길이 발견되었기 때문이다. 다른 넓은 길을 외면하고, 협착하고 좁은 길이라 할지라도 자신이 가야할 길을 발견한 자의 기쁨, 목적이 있는 길을 알고 가는 자가 갖는 특권은 이 세상 그 어느 것과도 바꿀 수 없을 것이다.

사실 가지 말아야 될 길을 가는 사람이 이 세상에 얼마나 많은가! 남에게 민폐를 끼치고, 덕스럽지 못한 길들이 이 세상에 셀 수 없이 많다. 그래서 사람은 태어나서 가야 할 길과 가지 말아야 할 길, 두 길이 있음에 틀림이 없다. 가야 할 길을 알면서도 가지 말아야 할 길을 선택하는 우매한 자, 잠언서에 수없이 강조한 지혜자의 길과 우매자의 길이 분명 있음은 누구라도 모르지 않도록 능력을 하나님이 부여해 주셨지만, 굳이 우매자의 길을 택하는 고집이란 죄책이 인간에게 있음을 자인하지 않을 수 없다. 그럼에도 인생의 길엔 수없이 많은 돌이킴의 기회가 주어진다. 이것이 복음의 역사이다. 오히려 잘못 왔던 길만큼 빚으로 여기고 더욱 큰일을 행하도록 부담을 안는 마음으로 선한 일에 쓰임이 있는 사람은 참으로 많다. 그래서 인간에겐 가야 할 온전한 길이 늘 열려 있다.

쥐렌 키에르케고르의 말처럼, 소명의 길은 하늘로 통한 길이다. 소명은 영원한 길이기 때문이다. 영원으로 통한 길, 누구라도 가고 싶은 길이 아니겠는가? 캘

빈이 제시한 직업 소명설이 있다고 하였지만, 자신이 가진 직업이 소명과 연결되기 위해선 하나님의 나라, 그분께 영광이 되는지를 묻지 않을 수 없겠다. 주님께 영광이란 도식(圖式)이 있을 때 그 길은 영원한 길이 되는 셈이다. 무슨 일을 하든지 그것이 주님께 영광이 되는가를 다시 한 번 되 물어보고, 주께 영광이 되는 소명의 길을 발견한 인생의 길을 아는 자의 기쁨, 영원의 길을 향하는 자의 기쁨, 주의 성탄과 더불어 늘 축제하는 인생임에 틀림없다.

 An Essayistic Spiritual Journey of A Naive Stranger

여행 가방

맥스 루케이도(Max Lucado)라는 영성 작가는 이런 말을 했다 "하나님은 한 사람, 한 사람을 완벽하게 준비시켜서 세상에 보내십니다. 삶 전체를 바라보며 사명을 정해 주시고, 주어진 과제를 잘 수행 할 수 있는 도구까지 챙겨 주십니다. 마치 여행을 앞두고 짐을 챙기는 것과 같습니다. 여행에 필요한 것들을 면밀히 생각해서 적절히 가방을 꾸리는 것 같습니다."

맥스(Max)의 언급은 인간에겐 그 나름의 독특한 재능과 성격이 주어져서 이 세상에 태어난다는 것이다. 어떤 사람에겐 가르치는 일을 위해서 필요한 지성과 비판력 섬김의 품성을 주시고, 어떤 이에겐 어려운 사람을 돌볼 수 있도록 동정심과 인내심과 이해심의 그릇을 주시는 것 같다. 결국 잘 보면 인간 하나 하나가 독

보적인 창조품 같다는 것이다. 모두 다르기 때문이다. 그 다름으로 봉사하고, 섬기고, 하나님의 목적을 이루어 가도록 사람들에게 다양한 탤런트를 가지고 살지 않나 여겨본다. 그래서 인생의 길은 다 똑같지 않은 것 같다.

그런데 이렇게 여행 가방이 챙겨져서 인생의 여로를 통과해도 가방 한번 열어보지 않고, 성공에 꿰어 맞춘 여행을 좋아하고 그렇게 살아가려는 사람들은 얼마든지 발견해 본다. 말하자면 남의 가방은 열어도 자기 가방은 열어보려 하지 않는 것이다. 자신이 가진 것의 귀함과 소중함을 방치한 채 남의 것을 넘보며 타인의 성공 신화에 함몰되어 살아가는 군상들의 질주는 루케이도의 말을 빌리면, 권태의 거리를 헤매는 길, 잃어버린 사람들의 모습, 즉 너와 나 그리고 우리의 자화상이 되곤 한다. 그만큼 내 가방보다 남의 가방 안에 든 것을 통해 얻어지는 성공의 유혹은 평생을 두고 괴롭힌다.

글쎄, 사람은 뭔가 자신의 것이 되어버리면 그 뒤론 가치 없게 여겨버리는 기질이 있어서 그런지, 자신에게 주어진 은사, 재능, 성격 등 하늘의 선물을 잘 가꿈에 소홀한 구석이 많다. 그런 면으로 현대인의 모습 속엔 세속적 세련됨으로 넘치는 모습을 발견해 보곤 하는데, 말하자면 연기자처럼 살아가는 모습이 연상된다. 만나는 사람마다 자신을 숨기고, 타인의 연기를 모방해서 포장된 모습으로 남을 대하는 모습에 익어 있다. 이 모두 성공을 위함이 아니면 무엇 때문에 그럴까? 냉소적인 시각이 되곤 하지만 이것이 오늘날의 문화가 된 듯싶다. 그래서 자신의 가방을 열고 자기의 것으로 타인이 하나님을 알도록 길이 되어 줄줄 아는 섬김이 된다면 행복한 사람됨은 틀림없다.

세례 요한은 말하기를 "나는 광야에서 외치는 자의 소리"라고 하였는데 자신이 이 세상에 존재해야 할 본질을 꿰뚫고 말하는 행복자의 고백이 아닐까 여긴다. 즉 자신은 요한이요, 남에게 물로 세례를 주고, 남들이 말하는 선지자요, 라는 식으로 자기 정체성을 말하지 않았다. 세상에서 흔히 통용되는 이름, 직업, 유명인의 근자에 가있는 사람 식으로 자신을 포장하려는 말이 아니라 자기가 존재하는 이유에 대해 말한다. 주의 길을 예비하는 자의 소리로 존재하는 존재 목적과 이유를 알고, 광야에서 라도 자신이 가야할 인생의 길을 가는 사람, 그래서 오히려 사람들이 광야로 몰려오는 현상, 물로 주는 세례에도 의미를 찾아보려는 사람들에게 주를 알도록 길이 되어 줄줄 알았던 광야의 영성을 가진 행복한 사람이 세례 요한이었다. 광야라도 자신이 가야할 인생의 길을 확실히 알았던 사람, 진정한 행복은 인생의 여정에 자신이 가야할 길을 아는 사람이 아닐까? 길 없는 광야라도 자신이 가야할 길을 아는 사람의 행복은 그 어떤 보화와 바꿀 순 없겠다. 예수님 빼 놓고는...

혹시 나는 남의 가방을 들고 살아온 인생이 아니었을까? 그래서 내 가방을 들 때가 되지 않았을까? 들뿐만 아니라 열어서 입어보고 사용해 보는, 새로운 터닝 포인트(Turning point)가 되도록, 지금까지 질주해온 여행 길에서 잠시 여인숙에 머물러 가방을 열 때가 아닐까?

아쉬운 가을

세계 어디를 가도 이렇게 아름다운 가을의 풍광을 허락한 곳이 어디 있을까? 라는 탄성을 자아낼 만큼 매일 아쉬운 가을을 보내고 있다. 이젠 색상의 가속이 붙어서 이곳저곳에 불붙은 색상의 향연은 마지막 가을을 장식하고 있다. 찬송가를 보면 이런 내용이 나온다. "산마다 불이 탄다. 고운 단풍에, 골마다 흘러간다. 맑은 물줄기..."라는 찬송이 어울릴 만큼 불붙어 타는 듯한 불꽃 축제의 가을을 지금 보낸다. 세상 많은 곳에 이처럼 아름다운 가을을 보고 경험하는 곳이 있을까 되물어 보았다. 그만큼 축복 속에 살고 있음을 부인하기 어렵다는 생각으로 감사를 드린다. 하나님께...

비록 당장 처리해야 할 빌(Bill)로, 준비해야 할 강의 계획과 설교로 쫓기는 듯 술래잡기하는 인생처럼 느껴

도 가을의 풍광은 잠시나마 손을 놓게 만든다. 그리고
는 창밖의 가을을 바라보게 만든다.

작년인가 아름답게 물든 창밖의 가을을 바라보며,
어느 분 앞에서 나도 모르게 탄성이 나왔었다. "이렇게
아름다운 가을이 어디 있을까!" 한 달도 남아있지 않은
생애를 사시는 분 앞에서 무의식적으로 내 뱉은 말로
후회스런 마음이 있다. 가을의 잎 새가 다 떨어지기까
지 자신의 생명이 붙어 있을지 아직도 젊은 나이에 마
지막 가을을 보내는 사람의 심정을 헤아리질 못하고
나만의 감성에 도취된 이기성, 그래서 철듦에 긴 시간
이 요구되는 철부지 존재로 산다. 춘하추동(春夏秋冬)을
몇 면 더 돌아야 철드는 사람이 될까! 평생을 살아도
이기성을 어거할 성숙은 찾아 올 수 있을까? 가을 앞
에서 한 인간의 실존은 부끄럼 그 자체이다.

사실 산자가 보는 아름다움, 감상에 도취, 그러고도
겸손치 못하고, 감상 후 잠깐 의젓해진 자신에 대한 도
취로 더욱 교만스러워지는 모습이 진단조차 되질 못하
는 우매함이 벗겨지도록 회개하고 회개해야 하지 않을

까? 그래서 사람을 이해하고 섬김이 무엇일지 믿음 안에서 세련된 삶을 살도록 지혜를 간구해 본다.

이 세상에서 떨쳐 버릴 수 없는 것이 있다면 죽음을 전제한 삶일 것이다. 어떤 의미론 죽음을 향해 생명은 달려간다. 주어진 시간 속에 죽음이란 고통은 죽음을 의식하는 인간의 주위를 맴돈다. 그래서 영원히 살 것처럼, 평생 젊게 살아보려는 발버둥이 우리가 경험하는 세속의 문화인지도 모른다. 죽음을 잊으려는 발버둥, 그리고 세상이 마치 죽음과 관계없다는 듯이 이런저런 흔적을 남기려한다. 마치 가인이 동생 아벨을 죽이고, 죽음을 간접 경험 후 놋 땅에 거하며 에녹성을 건설하듯이, 살아있음만을 경험하고 영원히 살 것처럼 발버둥 치며 산다. 그럼에도 모든 것이 산 것처럼 보이는 세상의 구석구석엔 죽음이란 그림자가 살아 있음과 늘 공존함을 본다.

그런데 가만히 잘 보면 이것 역시 은혜라는 사실이다. 예수 그리스도 안에 있는 보편적 진리, 인간에게 죽음이 있고, 만물에 우주적 그리고 개인적 종말이 있음이 은혜이다. 이것이 인간으로 하여금 의미 있고 가치 있는 삶을 살아보려는 동력이 되기 때문이다. 아울러 영원히 사는 것이 무엇일지 늘 질문과 궁구의 대상이 되어서 주어진 인생의 막을 엄숙히 가치와 의미라는 두 주제로 살려하기 때문이다.

오히려 죽음을 의식하며 사는 자에게 나오는 인생의 깊은 의미 그래서 환희와 찬양 그리고 하나님 앞에서 겸손할 수밖에 없는 인간의 나약성을 아는 자 그래서 죽음은 생명을 생명답게 만드는 생명의 엑기스가 아닐까?

필립 얀시(Philip Yancey)가 극찬한 사람인 17세기 런던의 존던(John Donne)은 죽음에 대해 이렇게 말한다. "죽음이여 자만하지 말거라, 더러는 너를 일컬어 강하고 무섭다고 하지만, 사실 너는 그렇지 못하니... 죽음은 더 이상 존재하지 않는다. 죽음아, 네가 죽으리라."

부담을 안는 기도

평생에 짐처럼 지고 살아야 할 혹이 있다면 무엇일까? 우리에게 진정한 자유는 있는 것일까? 살면서 삶의 무게에 점점 더 짓 눌려 사는 이유는 무엇일까? 수없이 많다. 자신이 제일 큰 짐이 되겠지만, 집세, 노후대책, 아이들 교육문제, 자신의 건강문제, 재정문제, 사람과의 갈등문제 등등 우리에게 붙여지는 혹이란 셀수 없이 많다. 어쩌면 인간의 삶의 실제를 본다면 공룡과도 같이 괴물스런 모습이 되어 힘들게 비틀거리듯, 삶에 붙은 혹들이 공룡이 되어 행동의 반경이 적어져 감을 느낀다. 그런 의미로 행복한 사람이란 가방하나 훌쩍 들고서 어디든 떠날 수 있는 사람이 아닐까 여겨볼만도 하다.

많은 분들은 이런 경험을 공감하실 줄 믿는다. 즉 한

국에 잠깐 약 2주 정도 방문하기 위해서 준비하다 보면 떠남이 참 어렵다는 느낌을 갖는다. 정리해야 할 것이 많기 때문이다. 금방 다시 올 것인데 자신이 비어진 공간이 가까운 사람에게 큰 부담이 되거나 특히 자기 자신에게 큰 부담으로 돌아오기 때문이다. 그래서 이런 저런 부담을 최소화 하려는 발버둥으로 잠깐 자리를 비우지만 역시 쉽지 않음을 느낀다. 그만큼 삶의 무게가 점점 더 무거워져 감을 느껴간다. 만일 염세적으로 생각한다면 죽을 땐 땅 한 평에 고정되어 버리는 것이 아닐까 여겨 본다.

감사한 것은 신자의 몫에 지워진 자유는 누구라도 빼앗을 수 없다. 그리스도 안에 감추어진 자유가 있기 때문이다. 이것이 복음이 갖는 특권이다. 인생에 주어지는 부담을 더 많이 안고도 자유를 느끼는 존재 이것이 복음을 아는 자의 모습이다.

믿음으로 사는 것이 무엇일까? 짐을 최소화 하려는 애씀이 아니라 떠안으며 사는 모습이 아닐까 여겨본다. 남이 버린 짐을 떠안으며 살아가는 모습 이런 모습

속에 믿음이 역동한다. 물론 자신이 잘못해서 많은 짐을 떠안게 됨은 우매함이지만, 자신의 짐은 최소화 하되 남의 짐을 더 많이 떠안아 줄 수 있는 사람이 믿음으로 사는 삶이 아닐까?

현대로 오면 올수록 나타나는 현상이 있다면 핵가족에서 싱글 족으로 살아가는 삶을 추구하는 경향이다. 이런 이면엔 삶의 짐을 최소화 하려는 욕구가 아닐까 생각해본다. 물론 믿음으로 나는 싱글 현상은 너무 적어서 일반화시키긴 어렵지만, 철철 넘쳐나는 싱글들의 이면엔 삶의 부담을 최소화하고 자유를 얻어 보려는 애씀을 느낀다. 그러나 고독이란 그림자는 언제나 있는 법, 오히려 많은 짐을 지고 살아가는 가정의 가장 노릇하는 친구를 보면 역시 부럽기 마련이다. 아울러 남의 짐을 지고도 밝게 살아가는 사람들의 모습 속에 경건함과 인생의 본질을 추구하는 모습이 거룩한 성채처럼 느껴질지도 모른다. 그런 만큼 주어진 인생에서 해야 할 일을 하지 못하고 자기의 자유만을 추구하는 인생이 갖는 허전함을 어떻게 달랠 수 있을까? 결국 믿음은커녕 인간으로 산다고 말하기조차 어려울 것 같다.

삶속으로 파고드는 부담, 공룡이 되어서 움직임이 둔탁해져 삶의 속도가 점점 느려진다는 느낌, 이것이 남을 위한 짐 때문에 되어 진 것이라면 얼마나 좋을까? 이런 자가 진정 자유를 만끽할 자가 아닐까 부러움이 앞선다. 그래서 도전이 생긴다. 내 삶의 무게를 줄이고 가벼워져 남의 무게를 떠안을 수 있는 사람이 되게 해 달라고 주님께 간구 드린다.

An Essayistic Spiritual Journey of A Naive Stranger

부드러운 마음

찬송가에 보면 "돌 같은 내 마음 곧 녹여 줍소서"라
는 내용이 나온다. 돌 같은 마음이 녹여지고 부드러운
마음이 되어 무슨 말이든 받아주고, 기다려주고, 이해
하고, 섬길 수 있는 사람이 된다는 것, 이처럼 소원되
는 말이 어디 있을까? 그만큼 마음이 늘 긴장되어 있
고, 부정적 소리 섞인 전화 한 통화 정도에 마음이 굳
어지는 경우는 평생을 살면서 늘 경험하는 일이다. 마
치 그림자가 늘 따라 다니듯, 굳어진 마음으로 사는 일
은 존재의 일부 혹은 존재 자체처럼 느껴지기도 한다.
어떤 의미로는 실재가 굳어진 마음으로 있는 것이 자
아이고, 웃을 줄 알고 친절하고 부드러운 순간은 가면
을 쓴 것처럼 비실재인 것처럼 느껴진다. 마치 부드러
운 사람으로 있는 순간은 연기하는 순간이고, 부드럽

지 못한 순간이 진실 된 모습처럼 살아간다. 그만큼 부드러울 줄 아는 사람으로 산다는 것이 얼마나 어려운지, 수만 번의 훈련을 통해서 되어지는 일일까? 굳어진 얼굴과 마음을 편다는 것이 좀처럼 쉽지 않음을 더욱더 느껴간다.

살면서 늘 경험하는 일이 있다면 굳어진 마음으로 말을 전하는 사람들을 안 만날 수 없다. 굳어진 마음엔 좋지 못한 감정이 이입되기 마련이고 역시 굳어진 마음 가진 사람이 되도록 기하급수적인 전염현상을 만들기 마련이다. 물론 이 가운데 믿음으로 사는 사람의 경우는 굳어진 것과 차가운 것의 이입을 빨리 부드러움과 따뜻함으로 반응하는 사람으로 있다. 실수가 있어서 그렇다면 자기반성이 빠른 사람이 되고 하나님께 부족함을 의탁한다.

그런데 옳고 그름을 떠나서 상처 받은 사람이나 성격적 모남을 가진 사람들을 통해 굳어짐을 전이 받을 때 애매한 마음 감출 길 없을 때가 있다. 친절하고 잘해 주었는데 반응이 무시로, 혹은 쉽게 취급을 받으며 안 좋은 소릴 들을 때 역시 마음이 부드러워 지지 않는다. 이런 일이 어떤 경우엔 하루에도 여러 번 다반사로 일어나는 일이지만 그 후유증을 빨리 처리함이 지혜가 아닐까 함이다. 에베소서 4장 26절을 보면, "분을 내어도 죄를 짓지 말며 해가 지도록 분을 품지 말고"라는 말씀이 있다. 분이 마음속에 잠재되어 있지 않도록 빨리 처리할 줄 아는 것이 지혜이다. 그래서 해가 지도록 분을 품지 말라고 하신다. 누군가 의분을 품고 자신에게 말하면 반성과 회개로 반응해야 하지만, 애매한 분냄을 받을 땐 그 화를 해가 지도록 갖고 있음은 스스로 병들게 만드는 요인이기도하다. 그래서 인생을 굳어지게 만드는 우매함에 빠지게 되는데, 현대인의 삶속에 분을 어떻게 처리하느냐가 얼마나 큰 관건이 되는지 알 수가 없다.

에스겔서 36장 26절을 보면 이런 말씀이 나온다. "또 새 영을 너희 속에 두고 새 마음을 너희에게 주되 너희 육신에서 굳은 마음을 제하고 부드러운 마음을 줄 것이며"라는 말씀을 볼 수 있다. 우리 안에 있는 굳은 마음을 부드러운 마음으로 바꾸어 주시는 분, 역시 성령님이시다. 마음이 답답해지고 자꾸 굳어지며 잘 안 풀리는 경우가 있을 때 성도가 갖는 특권 역시 하나님께 마음을 드리며 부드러운 마음을 달라는 간구 밖에 없다. 마음속에 화를 품고 사람에게 말하면 급한 마음으로 역시 화가 전이가 된다. 그래서 사람들에게 말하기보다 하나님께 아룀으로 부드러운 마음을 되찾는 것이 성도가 갖는 특권과 지혜일 줄 믿는다.

찬송가 가사에 나오는 "돌 같은 내 마음 곧 녹여 줍소서"라는 소원처럼 자신도 모르게 병드는 굳어진 마음 녹여 달라는 의뢰와 의탁으로 사는 삶 그래서 사람에게 부드럽고 친절하게 그리고 인격적으로 대하고 섬기는 삶이 된다면 누구라도 하나님의 나라를 경험하지 않을까? 이를 위해 세상에 성도로 부름 받음이 아닐까 소원해본다.

부담이 주는 은혜

미국에 살면서 골칫거리중 하나가 있다면 잔디를 깎는 일일 것이다. 그래서 비오는 날이 은근히 싫은 것은 잔디가 자라난다는 느낌이 들어서이다. 그만큼 잔디란 놈이 자라나는 느낌만큼 부담으로 다가온다. 혹시라도 잔디를 못 깎고 돌아다니면 일이 손에 안 잡힐 때도 있다. 빨리 깎아야 한다는 강박관념 같은 것이 미국을 사는 사람들의 공감일 것 같다. 그런 만큼 이웃의 눈치와 자기 자신 스스로도 구질구질한 느낌을 전하고 싶지 않기 때문이다. 아울러 깔끔한 동양인 이웃이라는 인상을 이웃에 주고 싶었기 때문도 있다. 이는 백인들의 심성에 깨끗한 이웃이 와서 산다는 좋은 인상을 전하며 "그럼 그렇지"란 소릴 마음으로 듣고 싶지 않아서 이기도 하다.

얼마 전 잔디 기계가 고장 나서 잔디를 깎지 못했다. 그러나 잔디 기계를 사질 못해서 잔디도 못 깎고 집을 나갈 때마다 짐을 머리에 이고 나가는 느낌으로 나가 돌아다녔었다. 사실 필자의 집은 이웃과 거리가 있어서 이들이 잔디에 대해서 뭐라 시비 걸 일도 없고, 서브디비죤 구역(Subdivision Area)이 아니라서 구역의 법을 지켜야 한다는 부담이 없음에도 늘 마음에 걸린 채 집을 나갔다 밤늦게 들어오곤 했었다. 그러다 잔디 깎는 기계를 구입하고 잔디를 깎게 되었다. 아내가 아침부터 일찍 잔디를 깎는데 그 소리가 솔솔 음악소리처럼 들려왔다. 마음의 부담이 덜어지는 소리, 묵은 때를 벗기는 느낌, 참으로 기분이 좋았다.

사실 삶이란 여정을 통과하면서 마음의 부담을 지고 사는 것이 잔디 정도라면 얼마나 좋을까? 이 정도이면 한두 시간 투자해서 그 부담을 덜기만 하면 다 되지만, 늘 달고 다니며 덜어내기가 쉽지 않은 부담이 인생사에 얼마나 많은가? 어떤 부담은 한 달, 두 달, 일 년 혹은 십년 아니면 평생을 가면서 가슴에 안고 주님께로

가는 일이 인생엔 얼마나 많은지 알 수 없다. 아울러 인간이 해결할 수 있는 일이 얼마나 적은지 날마다 절감하고 산다. 그래서 늘 모자라고, 하나님의 은혜가 없으면 못산다는 고백이 점점 커짐을 피부에 와 닿게 느낀다. 사람의 치부를 다 아시는 하나님이 자세히 보신다면 인간이란 존재는 환한 대낮에 벌거숭이가 되어 수억의 눈에 조망 당하는 꼴이 됨과 같다. 그렇지만 용서하시고 감싸 안으시는 사랑 때문에 인간이 산다는 것을 안다면 찬미의 제사와 예배로 나가지 않을 수 없을 것이다.

잠언서 말씀을 보면 "자기의 마음을 다스리는 자는 성을 빼앗는 자보다 나으니라"(잠언 16장 32절) 라고 말씀하신다. 그만큼 삶의 부담 속에 가장 큰 부담은 자기 자신이라는 소릴 많이 듣는다. 자기를 이기고 정복하는 것이 힘들다는 언급이 촌스러울 만큼 누구라도 공감한다. 그래서 평생을 가는 부담을 안고 인간은 일생을 살아간다. 성을 빼앗듯이 자신을 정복하려는 애씀이 있지만 그렇지 못함에 회개하고 능력을 구하며 구도자의 모습으로 살려는 사람이 성도의 모습이기도 하다. 사실 이런 사람은 진보와 성숙이 있는 사람이고 지혜 있는 사람임에 틀림없지만, 정복의 대상이 늘 타인이나 물질이 되곤 하여 자신을 조망할 여유조차 없이 달리는 인생 속에 하프타임이 언제 지났는지 모른 채 살아갈 때가 얼마나 많은지... 알 수 없다. 중요한 것은 빌립보서 3장의 한 구절의 표현처럼 "오직 우리가 어디까지 이르렀든지" 다시금 자신을 조망하고 그리스도를 닮지 못하는 자기 부담을 느끼며 겸손으로 살아갈 수밖에 없는 자아를 발견하는 삶이다.

이런 질문을 해본다. 왜 하나님은 인간에게 부담을 주셨는가? 사람의 일생 속에 가장 큰 부담으로 인간자신이 되게 왜 하셨는가? 하나님을 고백하고 그분을 의지하게 하고 하나님의 은혜가 없인 못산다는 겸손함을 가르침이 아닐까? 그리고 인생은 부담만이 아닌 부담이 가져오는 갈등 뒤에 숨겨 놓으신 보화를 소유하게 함이 아니실까?

행복의 척도

어릴 적 갖고 싶었던 물건이나, 먹고 싶었던 음식은 평생을 두고 소유하고 싶은 욕망으로 자리매김하여 좀처럼 없어지지 않는다. 아무것도 아닌 것들이 잠재 속에 존재양식처럼 둥지를 틀어서 그런지 모르겠다. 지금도 곰보빵이나 팥빵은 제과점에 가면 제일 먼저 보게 되는 것이 아마 어릴 적 채워지지 않았던 불만족의 증거인지도 모르겠다. 청소년시절엔 제과점 아가씨가 제일 매력 있었고, 결혼 대상 일 순위로 삼았을 만큼 먹는 것에 대한 욕구는 못살던 시절에 많은 사람이 가졌던 희망사항이기도 했었다.

광석 라디오를 갖고 철망에 선을 연결해서 라디오를 들었던 동네 형을 보면서 나도 언제 저 라디오를 살까 신기해 하다가 광석 라디오를 사고 나서 천하를 얻은 것처럼 기뻐했던 때의 소박한 만족감은 행복이란 많은 소유에서 오질 않음을 이미 느꼈다. 그런데 트랜지스터, 아날로그를 지나 디지털로 된 기계류를 마음껏 사도 마음이 차질 않음은 이미 마음이 허풍으로 꽉 차서 그런 것인지 지금은 행복의 척도가 엄청 높아져 있다. 아마 없었을 때에 소유하였던 기쁨만한 만족감이 없어서 그런지 나이를 먹으면 먹을수록 절제의 힘이 엄청나지 않으면 욕구불만의 힘이 언젠가는 존재를 먹어내고 말 것 같다. 그런 의미로 타임머신을 타고 가듯 우리가 살았던 60년대로 돌아가는 여행을 타국에서 해보는 것은 어떨까?

지금도 공항 화장실에 화장지가 없어서 화장지를 갖고 있는 화장실 보이에게 팁을 주고 화장지를 두 번 돌려받는 풍경을 가진 나라는 어렵지 않게 발견한다. 공항에서부터 돈을 주지 않으면 통과가 힘든 나라의 진풍경 속에 애국이 사치품이 된 나라의 모습은 많이 있다. 이런 나라로 복음 들고 선교하러 가신 선교사님들의 노고를 어떻게 계수할 수 있을까? 필자도 조금은 오래전 필리핀에 갔을 때 공항에서부터 뇌물이 없으면 통과를 시켜주지 않는 관행을 보았고, 젊은 친구들의 꿈이 맥도널드에 취직하고자 시험 공부하는 모습을 보고 나라의 미래가 어둡다는 것을 볼 수 있었다. 과거 많은 남자들이 일자리가 없었을 때, 여자들이 열심히 일해서 가정을 꾸려가는 나라의 모습을 보면서 그래도 소망이 있고 질서가 있는 우리나라가 얼마나 좋았는지 자랑스러웠다. 이때로부터 지금을 보면 너무도 좋고 편한 세상에 살고 있다.

어쩌면 미국보다 한국이 더 잘사는 착각이 들 정도로 편리해졌다. 한국과 미국, 정말 살기 좋고, 갖고 먹고 싶은 것 어렵지 않게 소유하고 먹는다. 또한 입는다. 그럼에도 "무엇을 먹을까? 입을까? 마실까?"라는 일차적인 욕구에 매인 사람들의 모습은 필자를 포함한 거의 모든 사람의 모습 속에서 발견한다. 그래서 행복이 점점 멀어져 감을 느낀다.

일차적인 욕구가 채워지느냐 마느냐에 따라 "불행하다, 힘들다, 소망이 없다"라는 소릴 가장 많이 한다.

쇼핑몰을 가면 모두 일차적인 욕구를 어떻게 채우느냐의 눈요깃감들로 가득하다. 그런데 간혹 쇼핑몰 안에 책방을 만나게 되면 참으로 반갑다. 소유에서 존재로 옮겨지는 듯한 느낌이 좋아서이다. 사실 소유로 만족하려는 사람들에겐 만족을 이겨낼 힘이 있을 리 없지만, 지적인 능력은 존재의 힘이 얼마나 귀한 것인가를 잘 알려준다.

소유욕을 밀어내는 힘은 아는 힘이다. 가치가 무엇인지 밝혀주기 때문이다. 그런데 지식이 갖는 한계, 교만을 물리치기가 참으로 어렵다. 자신이 교만병에 걸린 것을 잘 모르기 때문이다. 잘못하면 냉소주의로 변하기 쉬워서 오히려 알면 알수록 온유하고 섬기고 사랑의 힘이 줄어드는 현상을 지식으로는 제어하기 어려움을 발견한다. 오히려 분석과 비판력은 앞서서 비판은 잘하고 문제 제기는 잘하지만, 해결책을 보이지 못하는 이상주의로 빠지는 일이 얼마나 많은지 그래서 모두를 불행하게 만들기 쉽다.

존재하는 것으로도 만족할 수 있는 사람이 되는 것,

있는 그대로 행복할 수 있는 사람이 되는 것, 어떤 일
이든 되어 진 일로 감사를 셀 수 있는 사람이 된다는
것 그래서 예배가 가능한 사람이 되는 것, 이런 사람이
행복함의 척도를 아는 사람이 아닐까?

이모 은사님

필자의 초등학교 1학년 은사님은 작은 이모였었다.
그 시절, 전후세대의 아이들이 얼마나 많은지 6.25전
쟁이 끝나고 삶의 자리를 찾아가던 전쟁세대 젊은 사
람들이 결혼하면서 전후세대의 자녀들을 많이 낳았던
것 같다. 말하자면 베이비부머(Baby Boomer) 세대라고
할까? 그래서 초등학교에 얼마나 아이들이 많은지 아
침반, 점심 반, 저녁 반으로 나뉘어서 공부했었다. 그
것도 한반에 70여 명씩 말이다. 아침반에서 공부 할
땐 선생님이 꽤나 열심히 가르치시다가, 저녁 반에선
지치셔서 아침 반과 비교가 될 만큼 자습이 많이 진행
되었던 기억이 있다. 이렇듯 이모의 가르침으로 시작
된 배움의 길은 마흔이 넘도록 학교와의 끈을 놓지 못
하고 공부를 했으니 참으로 공부와의 인연은 질긴 인

연으로 필자에겐 있다. 글쎄, 공부를 못했기에 가방끈이 길었다고 할까? 아무튼 이모 선생님이 보실 때 참 공부를 못한 조카를 두고 어머니에게 역정을 여러 번 내신 기억이 든다. 더군다나 못살다보니 이모와 어머니는 짜고서 내게 신발주머니 두 개를 내손에 쥐어 보내셨다. 하나는 신발주머니용으로 하나는 가난한 학생들에게 주었던 옥수수가루로 만든 빵을 몰래 넣는 배급용으로 가져갔었다. 점심시간 전에 몰래 검은 신발주머니를 이모에게 갔다드리면 이모 역시 몰래 빵을 서너 개 넣어주셨다. 이것을 가지고 집에 가면 동생들이 얼마나 좋아했던지, 내가 학교에서 올 때만 기다리던 동생들의 모습이 아련히 떠오른다. 중앙대학교 뒤쪽 달동네 언덕에 나와서 오빠를 기다리며 점심대신 먹을 빵을 학수고대하던 동생들, 대다수 사람들이 가난하게 살았던 시절이다.

그런데 공부에서는 이모가 짜증이 날만큼 조카가 공부를 못했으니 얼마나 창피 하셨을까 상상해 본다. 그런데다가 필통까지 없이 학교 다니는 조카와 멋쟁이 이모는 전혀 어울리지 않는, 교실의 갈등거리였는지도 모르겠다. 아무튼 이모가 성적을 주면 절대로 봐주는 적이 없었다. 이때 '미' '양' '가'는 필자의 성적 통지표였다. 아버지의 기대도 다 무너지게 만든 못난 큰아들의 성적표에 어머니는 착한 아들이라고 위로 삼으셨으니, 어려운 생활 형편에 좋은 소식이 없는 아버지에겐 술을 많이 마시게 만든 불효자였던 셈이었다. 그럼에도 필자는 외할머니 집을 매일 갔었다. 왜냐하면 외할머니네 반찬은 대학생들 하숙 관계로 반찬이 많았고 늘 좋았기 때문이었다. 학교에서 이모를 만났는데, 또 외할머니 댁에서 만나는 일은 눈치가 전혀 없던 그 시절 필자에겐 문젯거리가 되지 않았다. 밥만 먹고 가면 됐으니까 말이다. 그럼에도 못사는 언니네 집을 걱정해서 날마다 빵을 신발주머니에 넣어주셨던 성의와 사랑, 역시 필자에겐 인생을 어떻게 살아야 하는가에 대한 밑그림이기도 하다.

자식의 문제가 가장 크다면, 형제의 문제 역시 뗄 수 없는 혹처럼 인생에서 외면 할 수 없는 것 같다. 예를 들어, 형제가 자식을 잠시 맡아 달라고 하면 외면하기 어려운 부탁이 되곤 한다. 그만큼 어렵고 길이 보이지 않을 때 역시 형제에게 전화를 하게 된다. 그만큼 의지의 대상으로 늘 남아 있다. 물론 신앙의 입장에선 이런 것이 독이 되곤 하지만, 형제의 어려움은 늘 마음의 부담으로 남아 있는 것, 형제와의 천륜관계이다. 이렇듯 뗄 수 없는 관계로 인생의 여울목을 지날 때마다 도움이 되어 주는 관계로 살라고 하시는 주의 뜻이 형제 안에 있는 줄 믿는다.

잠언의 말씀을 보면 이런 말씀이 있다. "친구는 사랑이 끊어지지 아니하고 형제는 위급한 때를 위하여 났느니라"(잠언 17:17). 혹시 형제가 화합하지 못하고 이웃을 생각하노라 한다면 이 역시 어불성설 같은 느낌이 든다. 사람이 살면서 근본이라는 것을 놓치고 아무리 좋은 일을 했어도 마음은 편하지 않다는 사실에서 가까운 형제들을 돌보며 살아가는 것이 신자라면 더욱 가져야 할 책임이고 신앙의 기본적인 자세라고 본다. 이런 형제간의 우애가 바탕이 될 때 든든한 가정과 더 넓게는 가문의 정서를 형성하지 않을까 여겨본다.

지금은 어머니와 이모는 각별한 사이가 되어서 전화도 자주하시고 왕래도 종종하시나 보다. 전에 보다 더욱 가깝게 마음을 주고받으며 살아가는 모습이 참으로 보기가 좋다. 초등학교 1학년 때 보았던 이모, 우아하고 아름다운 자태는 지금도 남아 있지만 세월이야 어디 속일 수 있겠는가! 첫 은사님으로서 늘 가슴속 깊이 고마움을 간직하고 있지만 선생님의 그림자는 밟아서도 안 된다는 사제 간의 부담이 앞서서 그런지 아무 말씀도 드리지 못하고 맹물학생처럼 살아간다.

온유함

오늘날 온유한 사람이 된다는 것은 말씀처럼 복이 있는 사람이다. 그만큼 온유한 사람이 되어 사는 사실처럼 어려운 일은 없는 것 같다. 살면서 똑똑해야 하고 남한테 지지 않으려는 모습으로 살아야 하는 현대적 특성 때문에 더욱 그렇다. 저사람 착하다는 소리가 그리 좋다 할 수 없는 뉘앙스를 풍기는 현대적인 삶에는 승자만이 아름답고, 프로로 산다는 것은 어떤 방법과 수단을 막론하고 성공하는 사람이 되어야 한다는 의미를 풍기고 있다. 그래서 착하다란 소리는 이미 오래전 미덕으로 치부된 것처럼 느껴진다. 그래서 법 없이 살수 있는 사람이란 소리는 큰 북돋음의 소리가 아닌 것이 되어버렸다. 그만큼 우유부단하고 결단력이 없는 사람이란 소릴 듣기가 쉽기 때문이다.

물론 시대를 알고 시대에 맞는 사람이 되어서 계약적 이해관계에 빠른 사람이 되는 것도 중요하다. 이해관계의 수리적 계산에 밝고, 맺고 끊음이 분명한 사람이 되는 것 역시 중요하다. 그런데 이런 사람들 가운데 관계의 중요성 보다는 목표의 중요성이 더욱 강조되기에 많은 상처를 남기고 사는 경우를 보고 경험해 본다. 이런 사람을 만나고 나면 이 사람에게 나는 어떤 존재인가라는 질문을 던져 보게 한다. 그저 숫자적 개념 외엔 아무 것도 아닌 존재로 여김 받는 쓸쓸함이 남는 경우가 참으로 많기 때문이다. 왜냐하면 배려가 없고 손해 보지 않고 살려는 세상의 생리에 따라 살아가는 모습이 안쓰럽기 때문이다.

사실 온전한 사람의 자화상은 주님의 말씀처럼 "비둘기 같이 순결하고 뱀처럼 지혜로움"에서 발견해 본다. 이런 의미로 온유는 천성이 따뜻한 사람, 마음이 착한 사람만을 의미하지 않는다. 즉 온유는 뱀과 같은 지혜 역시 무시하지 않기 때문이다. 그런 의미로 온유는 지혜를 포함한다. 사실 믿음의 사람은 그 누굴 만나도 사람의 마음을 빨리 읽는 편이다. 기도의 사람이기 때문이다. 이런 저런 이해를 갖고 만나는 사람들이라도 미리 사람의 만남을 회피하지 않는다. 일부러 져 줄 줄 아는 사람으로 있으려 한다. 사람을 만남이 피곤하고, 혹시라도 얽혀 매일까봐 사람을 가려서 만나지 않는다. 사람들의 문제를 자신의 문제로 가져다가 함께 힘들어하기도 하고, 그 짐을 나누려는 사람은 온유의 사람이다. 즉 알면서 속아 줄줄 알고 그럼으로 사람을 치유하고 섬기는 존재가 된다. 한 사람이 그리스도를 알고 그분을 평생 붙들고 산다면 희생을 기쁨으로 여기고 섬기는 존재가 된다. 자세히 보면 세상이 알아주는 학식과 소유를 주님 때문에 버리고 도적의 굴혈로 들어가듯 고통의 현장으로 들어간 사람들이 은근히 많다. 그런데 이런 분들이 성자뿐이겠는가! 아픔을 나누려고, 주님의 향기를 나누어 주기 위해 혼돈의 공간으로 들어가다 힘들고 고통스러움 때문에 절규하는 선교사님, 전도자들이 많이 계시다. 알면서 힘든 길을 간다. 세상이 볼 땐 바보스럽지만 온유를 아는 사람은 알면서도 고통의 중심으로 들어간다. 주님을 사랑하기 때문이다. 그래서 소명이 있고 사명으로 살려한다.

가만히 보면 남보다 가방끈이 길고 학력이 좋은 배경을 갖고 있고 나름대로 소유가 넉넉한 사람일수록 똑똑하게 산다. 사람과의 비즈니스 관계로 얽혀서도 절대로 손해 보질 않는다. 손해 보지 않고 사는 인생의 병법을 어찌 그리 잘 아는지 작은 미끼로 대어를 잡듯이 잘 살아간다. 그런데 그 뒤안길엔 수없이 많은 사람들의 상처가 있음을 발견해 본다. 이런 삶은 그리스도의 삶과는 반대이다. 지자(智者) 같으나 자신을 속이는 자임에 틀림없지 않을까?

성경이 말하는 믿음의 삶은 길이 협착하고 어려워도 좁은 길로 갈 줄 아는 지혜자의 길이다. 좁고 협착하다는 의미는 그만큼 남들이 무시할 만한 사람들의 문제를 같이 안고 가는 사람의 모습이다. 온유가 없이 갈수 없는 길들 그러나 땅을 기업으로 받을 분들이다. 온유만이 땅을 차지하며 주님의 나라를 확장하는 은혜의 인성이 아닐까? 온유함, 진정 소원의 기도 제목이다.

이 세상에서 가장 먼 거리

사람에게 머리에서 가슴은 가장 먼 거리라고 하는데 이 얼마나 공감이 가는 말인지 알 수가 없다. 그만큼 머리로 이해한 것이 가슴으로 오기까진 평생 걸리는 일들이 얼마나 많은지, 겉 가슴으로 이해한척 할 수 있어도 속가슴으로 알기까진 수없이 깨지는 과정을 거쳐야 할 것 같다. 물론 경험주의가 진리의 척도는 아니지만 말이다.

삶의 뒤안길을 되돌아보면 깨어졌던 시절이 많았던 것 같은데 아직도 깨어지고 부서져야 할 요소가 얼마나 많은지... 정말 사람은 아무것도 내어 줄 것이 없을 때, 자랑할 것이 아무것도 없을 때, 겸손해지고 가슴으로 이해 할 때가 올 것인지 아득한 생각이 없지 않다.

이 세상엔 수없이 많은 직업이 있지만 시어머니(?)를

많이 가진 직업은 어떤 직업일까? 어떤 의미론 시어머니를 많이 가진 직업은 역시 사람을 많이 상대하는 직업이 아닐까 여겨본다. 즉 그중에 하나가 있다면 목사가 아닐까 여겨본다. 많은 눈초리를 의식해야 하고, 늘 눈치 보다가 눈치꾸러기가 되어서 자기가 없는 삶을 살아 갈 때 진정한 목회를 시작하지 않을까 여겨 보기도 한다. 그런 만큼 이리저리 치이고 굴림 당해서 가슴이 있는 사람이 되지 않을까, 그리고 사람을 이해 할 수 있지 않을까 여겨 보지만 말처럼 쉽지는 않다.

외람되지만 필자는 목사가 된 것을 참으로 감사하게 여긴다. 그 이유 중 하나가 있다면 사람들에게 경우를 다하고 깔끔하게 살수 없는 존재가 목사이기 때문이기도 하다. 늘 부족함과 잘못했다는 지적을 당하고 살기 때문이다. 물론 대부분의 경우엔 어느 누가 말로 시어머니처럼 따지지 않지만, 눈초리만 보아도 친정어머니 역할을 하던 성도가 시어머니가 되어 싸늘한 눈초리를 의식할 때 늘 죄책감에 휩싸이게 된다. 그리곤 언제 시한폭탄처럼 터질까 노심초사 마음을 졸이기도 한다.

이런 관계는 목회의 구도 속에 언제나 상존한다. 줄다리기하는 사람들과의 긴장관계 그리고 묘한 갈등 속에서 마음이 움츠러들게 마련이다. 그래서 사람 사이의 관계란 '가까이 하기엔 너무 먼 당신'이란 말이 피부에 와 닿을 때가 참으로 많다. 그래서 멀리 있으려 애를 쓰는 것 같은데, 불가근 불가원(不可近 不可遠)이란 말, 목사들의 가슴에 와 닿는 공감 언어이다.

그럼에도 사람 간에 갈등이 많으면 많을수록 사람을 가슴으로 이해할 수 있는 지름길이 된다는 희망을 걸어 본다. 그만큼 갈등을 잘 처리하려면 먼저 자신이 죽어야 하고 낮아져야 하기 때문이다. 결국 십자가를 붙들고 사는 길 밖에 없다. 여기엔 승화된 아름다움이 열매로 늘 주어지기 때문이다. 갈등을 통한 서로의 성숙, 그리스도를 아는 냄새, 인간관계에 있어서 진지함 등등 셀 수 없는 선물이 너무도 많이 있다.

미국에 와서 느끼는 것은 이곳은 이해관계가 깔끔하다는 것이다. 그만큼 인간간의 거리가 피상적인지 모르겠다. 내 것과 남의 것의 공간이 확연히 구분된 사회 안에선 거의 모든 것이 깔끔하다. 속이 드러남 없이 품위를 유지하며 살 수 있는 사회, 그래서 세상은 유유상종이 될 수밖에 없나 보다. 이런 의미로 사람은 고독할 수밖에 없다.

그런데 교회 안을 들여다보면 천차만별의 다름을 갖고 있는 사람들의 구조가 쉽게 자연스럽게 형성된다. 그래서 갈등이 많다. 처음엔 깔끔하게 만나다가 속을 보이지 않을 수 없고 갈등이 시작된다. 이것을 넘지 못하는 사람은 빨리 교회를 떠난다. 익명이 보장된 큰 규모의 교회로 주로 떠나려 한다.

그런데 갈등의 단계를 넘어서면 성숙의 단계로 넘어설 수 있다. 이 성숙의 단계로 들어서면서 푸짐한 선물이 주어지게 마련이다. 사람을 이해하는 시각이 머리에서가 아닌 가슴으로 이해하고 머리와 가슴의 거리가 좁혀져 가는 사람이 되는데 이 얼마나 큰 선물인가? 아둔한 말인지는 몰라도, 작은 규모의 교회 일수록 갈등구조는 구체적이고, 이 갈등이 교회를 떠나게 하는 빈도수를 높이지만 갈등의 단계를 넘어서면 성숙이란

선물로, 가슴으로 보는 눈을 갖기 시작하는데, 머리와
가슴의 거리가 가까워지길 소원하는 사람이 되는 것
괜찮은 사람임엔 틀림없다.

백지장 한 장 차이

사람으로 살면서 해야 할 일 중에 한 가지가 있다면 도움이 필요한 사람에게 도움이 되어주고, 인생의 여정에 지친 자에게 쉼터가 되어주고, 이것저것도 아니라면 나무의 그늘처럼 잠깐의 시원함이라도 되어주는 사람이 된다면 이 얼마나 좋은 일일까! 그런 바람이 있어도 남에게 도움이 되어 달라고 요구하고, 쉼터가 되어 주질 않는다고 앙탈 부리듯 사람의 영혼에 할퀸 자국을 선명히 남기며 사는 일이 얼마나 많은지 알 수 없다.

그렇듯 선하고 좋은 일을 함에는 구토의 고통처럼 아픔을 수반할 때 겨우 도움이 되어 주어도, 남에게 신세지고 해악을 끼침에는 너무도 자연스러움을 느끼지 않을 수 없다. 그만큼 선과 악의 중간에 서있는 인간이 아닌 늘 악 쪽으로 기울어지려는 힘의 쏠림 현상을 어거하려는 몸부림이 기도가 아닐까 생각해본다. 이런 노력이라도 있을 때 선악의 중간이라도 서있는 존재가 될 수 있지는 않을까 간절해진다.

오히려 인생이 무엇인지, 어떻게 사는 삶이 잘 사는 것인지 몰랐을 때, 얼떨결에 행했던 선행이 있었다. 외람되지만 필자가 대학교 조교로 있으면서 학생들의 입시를 도왔던 적이 있었는데, 미대나 건축학과에선 색맹에 대해선 입학이 허락되지 않는 교칙이 있었다. 그런데 어느 학생이 색맹검사에서 색깔을 구별하질 못하는 현상을 발견하게 되었고, 이를 안 교직원이 이의를 제기하였다. 이 학생의 입학은 불허한다는 교칙에 의거한 방침을 내세웠다. 그때 필자가 4년간 건축을 공부해도, 색상을 갖고 갈등해 본적이 없는 터라 이 학생의 예비고사 점수를 물어보았다. 말인즉 자신은 작년에도 타 대학 건축과에 시험을 보았다가 다른 성적은 좋았는데 색맹이라서 떨어진 적이 있었다고 눈물을 흘리며 절규하였다.

이런 사정을 안후 아무리 교칙이 중요하다 하지만, 필자의 경험상 하등에 관계없는 것으로 이 학생을 떨어지도록 놓아두는 것이 한 사람의 인생을 막는다는 생각에서, 교직원과 싸우다 시피하며 이 사안을 비밀로 부치고 합격하도록 조력한 적이 오래전에 있었다.

재미있는 것은 합격 후 이 학생이 필자를 보자 고맙다는 인사대신 도망치는 모습을 보이고, 그 뒤론 필자를 의도적으로 계속 피했는지 볼 수가 없었다. 이런 일이 씁쓸하기도 하였지만, 이 학생이 갖는 어떤 부담이 있음으로 여기고 그렇게 마음을 쓰지 않았던 적이 있었다.

이 일이 잊혀 있다가 불현듯 갑자기 생각이 드는 이유는 "그래도 잘했다!"라는 마음과 사람은 역시 백지장 한 장 차이라는 이해를 갖고 사는 자세의 중요성도 어줍지만 생각하게 하기 때문이다. 말하자면 선한 사람이 악인이 되고, 악인이 선인이 되는 듯한 일들은 상황에 따라 반전하는 경우가 다반사이기 때문에 한 가지 선한 일을 했다고 해서 "나는 의인이다" 식의 자부심은 교만으로 흐르는 경우가 얼마든지 있기 때문이다. 그런 의미로 사람은 백지장 한 장 차이라는 표현을 해 보았다. 언필칭 이런 표현은 그 말이 그 말 같아 보이지만, 그저 공감적인 어휘에 불과한지 모르겠다. 중요한 것은 선과 악의 기준은 사람에게 달려있지 않고 하나님께 달려 있다는 이해가 아닐까 함이다. 즉 의인의 기준은 그리스도 안의 구원과 관계가 있다. 그래서 칭함받은 의인이란 의미로 칭의(Justification)란 용어를 구원과 관련해서 사용하는 신학적 언어가 있다. 그 결과가 교회 안에서 보는 많은 성도들의 모습처럼, 선한 일을 많이 하는 선한 사람 같아 보이지 않아도, 그리스도의 은혜로 성도로 불림 받은 사람들이 갖는 특권이 성도란 명칭이다. 즉 'Saint' 성자이다.

성자가 된 것, 본질적인 변화를 의미한다. 그리스도 안에 구원이 있음으로 와진 은혜의 결과로 얻어진 존재의 변화, 그럼에도 성자처럼 살지 못하는 인간의 우매함과 값싼 은혜에 안주하려는 디베랴 바닷가의 무리와 같은 존재중 하나인 필자라도, 선한 일 한번이 주님의 은혜에 보답이 되려면 바다에 먹물 한 방울이나 될까? 삶속에 만나지는 섭섭함을 갖다 준 사람이라 할지라도 그리스도 안에서 볼 땐 나나 그나 백지장 한 장 차이 같이 느껴질 때가 많음을 고백하게 한다.